암 예방부터 관리까지
암환자 사찰밥상 88

PROLOGUE

암환자가 가장 많이 하는 질문은 바로!
'식이 관리'

2021년 12월 보건복지부는 '2019년 국가암등록통계' 발표를 통해 2019년에 신규 발생한 암환자 수가 약 25만5000명이라고 발표했습니다. 2010년 약 20만2000명에서 2015년 약 21만5000명으로 늘어난 것에 비해 빠른 증가세입니다. 암 진단 후 치료를 받거나 완치된 암 유병자는 암 발생 통계를 산출하기 시작한 1999년부터 2010년까지 약 96만 명이었던 것이 2019년까지 약 215만 명으로 증가했습니다. 이는 전체 인구의 4.2%, 즉 아는 사람 25명 중 1명은 암 유병자인 셈입니다. 그나마 다행스러운 점은 의학기술의 발전 덕분에 국내 암환자의 5년 생존율이 2006~2010년 65.5%에서 2015~2019년 70.7%로 점점 더 높아지고 있다는 사실입니다.

하지만 아무리 다양한 항암제가 개발되고 항암치료가 진화하는 등 의학기술이 발전해도 암은 힘든 병입니다. 체력과 면역이 떨어져 피로감이 크고, 활동이 적어지니 근육 소실이 빨라지며, 암 치료를 잘 받으려면 잘 먹어야 하는데 입맛이 없고 소화도 안 되고 오심이나 구토 등의 항암치료 후유증으로 식사가 어렵기 때문입니다. 얼마 전 유명한 암 전문의가 인터뷰한 기사를 보니 "암 치료를 받는 환자들에게 식이에 대한 질문을 가장 많이 받는다"고 했더군요. 덧붙여 "암환자의 식이 관리에는 특별히 금지하는 음식도, 특별히 좋은 음식도 없다. 골고루 먹는 것이 제일 중요하다"면서 "치료를 포기하지 않는 마음, 끝까지 이겨낼 수 있도록 힘을 주는 가족들의 관심과 사랑"이 가장 중요하다고 했습니다.

우리나라는 예로부터 '식약동원(食藥同源)'이라 하여 음식을 약만큼 중요하게 여기며 음식으로 섭생을 잘하는 것이 약으로 치료하는 것과 같다고 생각했습니다. 물론 음식은 약이 아닙니다. 음식에 아무리 좋은 성분이 있어도 그것이 암세포를 물리치기는 힘들죠. 따라서 어떤 음식이 항암효과가 좋다고 말하기는 어렵습니다. 하지만 내가 먹는 음식이 내 몸과 마음을 만드는 것은 틀림없는 사실입니다. 암 전문의의 말을 가만히 생각해보니 암 치료에 특별히 좋은 음식은 없다고 해도, 어떤 음식을 먹으면 좋을지 찾아보고 챙겨 먹는 노력이야말로 내 몸을 포기하지 않고 관심과 사랑을 주는 마음이 아닐까 싶습니다.

그런 의미에서 최근 사찰음식이 암환자 또는 암 유병자들에게 많은 관심을 받는 것은 당연한 일입니다. 암환자에게 권하는 음식은 건강한 식재료를 사용해, 입맛을 돋우되 자극적이지 않은 맛으로, 환경호르몬 걱정 없이 안심하고 먹을 수 있는 음식인데 사찰음식이 바로 그렇기 때문입니다. 거기에 더하여 사찰음식에는 겸손하고 자비로운 마음으로 생명을 존중하는 사상이 담겨 있습니다. 내 생명이 소중하여 내 몸을 건강하게 살리고 싶은 만큼 다른 생명 역시 소중하고 가치 있게 생각하는 것은 당연한 마음이겠지요.

그래서인지 요즘 이름이 알려진 암 전문 요양병원의 경우 환자 식단에 사찰음식을 반영하는 곳이 하나둘 늘어나고 있습니다. 서울힐링요양병원도 그런 곳으로, 암환자 영양과 식이 관리에 전문성을 가진 임춘미 영양과장이 사찰음식을 공부한 후 환자 식단에 적극 반영하고 있다고 입소문이 난 곳입니다. 〈암 예방부터 관리까지, 암 환자 사찰밥상 88〉에는 바로 그 식단의 베이스가 되는 사찰음식 88가지를 담았습니다. 임춘미 영양과장이 공개한 레시피는 지은주 요리연구가가 하나하나 직접 가정 요리 버전으로 실제 조리를 하여 더욱 맛있고 건강한 레시피로 수정 보완했습니다. 방배동의 유명한 요리 선생님으로 활동하는 지은주 요리연구가는 오래전부터 약선요리, 궁중병과, 약용작물, 사찰요리 등 다양한 분야를 폭넓게 공부한 덕분에 좋은 결과물을 얻을 수 있었습니다.

어려운 암 치료를 이어가고 있는 암환자, 암 치료 후 건강관리에 특히 신경을 써야 하는 암 유병자, 그리고 가족력이나 생활습관 등 걱정되는 부분이 있어 암 예방에 관심이 많은 사람에게도 식이 관리는 매우 중요합니다. 특히 암환자의 경우는 식이 관리를 통해 영양 상태가 좋아져야만 적극적인 치료가 가능하며, 손상된 세포가 재생되어 치료 효과가 향상되고, 감염 위험이 감소됩니다. 따라서 알맞은 식이 관리는 암 치료에 지친 환자의 심신 회복을 돕는 아주 중요한 요소입니다. 모쪼록 이 책이 암을 이겨내야 할 암환자, 지속적 관리가 중요한 암 유병자, 암 예방을 위해 건강한 체질로 개선할 필요가 있는 모든 분들에게 건강한 식생활의 길잡이로 도움을 드릴 수 있기를 바랍니다.

– 2022년 5월, 편집부

CONTENTS

- 002   PROLOGUE
- 008   저자 인터뷰 1 / 임춘미 영양과장
- 012   저자 인터뷰 2 / 지은주 요리연구가
- 016   몸과 마음의 건강을 함께 챙기는 사찰음식
- 020   사찰음식 기본 준비

야채수 만들기
야채수 끓인 재료 활용 메뉴
– 다시마표고채 조림, 다진 다시마표고 조림

🌐 PART 1
든든한 곡기, 밥 & 죽

밥이 보약

- 026 시래기밥
- 028 곤드레나물밥
- 030 우엉밥
- 032 콩나물무밥
- 034 두부김치밥
- 036 도라지무밥
- 038 `잠깐 정리!` 밥 짓기 기본 공식

소화 잘되는 죽

- 040 시금치죽
- 042 녹두죽
- 044 밤현미찹쌀죽
- 046 밤단호박죽
- 048 아욱죽
- 050 양송이브로콜리죽
- 052 냉이타락죽
- 054 흑임자타락죽
- 056 연근죽

🌐 PART 2
따끈한 국 & 국물 요리

밥이 술술 넘어가는 국

- 060 두부배춧국
- 062 콩가루배춧국
- 064 얼갈이배추들깻국
- 066 아욱된장국
- 068 콩비지김칫국
- 070 두부감잣국
- 072 매생잇국

속이 따뜻해지는 국물 요리

- 074 양송이버섯들깨탕
- 076 능이버섯탕
- 078 토마토스튜

PART 3
밥상이 푸짐해지는 반찬

매일 먹는 김치

- 082　참나물된장겉절이
- 084　깻잎된장겉절이
- 086　아삭이고추김치
- 088　취나물물김치
- 090　양배추김치

두고 먹는 장아찌

- 092　삼색장아찌(토마토, 방풍나물, 궁채)
- 096　두부장아찌
- 098　오이간장장아찌
- 100　[잠깐 정리!] 장아찌 만들기 기본 공식

입맛 살리는 밑반찬

- 102　두부우엉조림
- 104　표고버섯무조림
- 106　무조림
- 108　삼색콩조림
- 110　양송이버섯조림
- 112　연근조림
- 114　말린도토리묵볶음
- 116　새송이버섯양념지짐

엄마 손맛 나물 반찬

- 118　취나물두부무침 & 깻잎두부무침
- 120　느타리미나리무침
- 122　느타리시금치들깨무침
- 124　방풍나물무침
- 126　머위나물무침
- 128　세발나물무침
- 130　쑥갓나물무침
- 132　생취나물무침
- 134　시래기나물지짐
- 136　깻잎찜
- 138　실파콩가루찜
- 140　[잠깐 정리!] 푸릇푸릇 나물 사전

PART 4
밥맛 없을 때 좋은 메뉴

비타민 듬뿍 채소 반찬

- 144 도라지오이생무침
- 146 오이잣소스무침
- 148 아삭이고추청국장무침
- 150 더덕잣소스무침
- 152 목이버섯냉채
- 154 알배추말이채소쌈
- 156 마무순샐러드
- 158 고구마브로콜리샐러드
- 160 연근샐러드
- 162 콩나물미나리찜
- 164 우엉잡채

고소한 전 & 튀김

- 166 시금치녹두전
- 168 무전
- 170 깻잎감자전
- 172 삼색전(가지, 배추, 모듬버섯)
- 174 잠깐 정리! 전 부치기 기본 공식
- 178 더덕찹쌀구이
- 180 마호박구이
- 182 표고버섯탕수
- 184 표고버섯강정
- 186 단호박튀김

반찬이 필요 없는 일품차림

- 190 쌈밥용 쌈장 & 약고추장
- 192 유부조림밥
- 194 두부김밥
- 196 장아찌미니김밥
- 198 비빔청국장
- 200 떡국
- 202 들깨메밀수제비
- 204 도토리묵김치국수
- 206 버섯비빔국수
- 208 골동면
- 210 가지크림파스타
- 212 모듬채소카레
- 214 아보카도감자샌드위치
- 216 통밀토르티야샌드위치

차와 함께 즐기는 간식

- 218 대추밤조림
- 220 단호박견과볼

저자 인터뷰 1

암 환자에게 힐링이 되는 음식을 제공하는 서울힐링요양병원 **임춘미 영양과장**

"제철 식재료로 만든 사찰음식으로 식생활을 건강하게"

바쁘게 생활하는 현대인은 급하게 먹거나, 불규칙하게 먹거나, 영양 섭취가 불균형한 경우가 많다. 일부 전문가는 이런 식습관이 다른 내·외부적 문제와 결합하는 경우 암의 발병률이 높아진다고 주장한다. 또 암 전문의들은 암 환자는 치료 과정 중에 정상세포의 기능이 떨어지기 때문에 영양 관리를 통해 면역 체계를 지켜주는 것이 무엇보다 중요하다며 발병 이후 식생활의 중요성을 강조한다.

암 전문 요양병원인 서울힐링요양병원의 임춘미 영양과장 역시 암 환자들이 늘 고민하는 문제가 식단이라는 점을 잘 알고 있기에 좀 더 건강하고 바른 먹거리에 대한 고민 끝에 건강식과 가장 가까운 사찰음식을 환자식에 적극 활용하여 좋은 반응을 얻고 있다.

암 환자가 일부러 찾아오는 영양사

임춘미 영양과장은 항암보완치료전문가 자격과 한국사찰음식전문가 자격을 이수했으며, 병원·학회·대학 등에서 암 식이요법에 대해 강의하고 있는 암 영양 분야 전문가다.

"암 전문 요양병원은 체계적인 치료와 맞춤형 건강 프로그램을 통해 암 환자가 암을 이겨낼 힘을 가질 수 있도록 도와주는 곳입니다. 따라서 식욕을 잃고 기력이 떨어진 환자들이 영양 섭취를 통해 체력과 면역 체계를 지킬 수 있도록 하는 것이 무엇보다 중요하죠. 그래서 수술 전후, 항암 전중후, 방사선치료 전중후인 환자의 암 종류나 상태에 따라 균형 잡힌 영양 식단을 제공하고 있어요. 또 환자에게 맞는 다양한 야채즙 등을 제공하고, 대형병원으로 항암치료나 방사선치료를 받으러 외출하는 환자에게는 영양 도시락을 제공하는 등 언제 어디서나 필요한 영양을 섭취할 수 있도록 하고 있습니다. 코로나 사태 전에는 병원 내에서 영양교육도 진행했는데, 코로나 시국 이후에는 예약을 받아 1:1 영양상담을 진행하고 있어요."

사실 임춘미 영양과장은 스스로 최고의 암 섭식 전문 영양사라고 자부할 만큼 노하우와 경험이 풍부하다. 여러 병원을 전전했던 간암 환자가 "이곳이 마지막 병원이라 생각한다"며 눈물을 흘리는 모습을 보고 그 환자만을 위한 맞춤 식단을 제공했더니 다른 병원에서는 못 했던 식사를 하게 되면서 점차 회복되어 퇴원했는데, 임춘미 영양과장이 병원을 옮기자 일부러 옮긴 병원으로 찾아와 외래 치료를 받기도 했다. 또 병원에 입원해 항암 치료를 하는 모 대학 식품영양학과 교수님이 임춘미 영양과장을 불러 "항암으로 입맛이 없어서 잘 먹지는 못 하지만, 식단 구성이 정말 최고"라고 칭찬을 해준 일도 기억에 남는다. 어떤 환자는 2년 동안 콜레스테롤 약을 먹다가 8개월 동안 임춘미 영양과장이 제공한 밥을 먹고 콜레스테롤 약을 끊게 되었는데, 진료 받으러 다니는 대학병원에서 도대체 어떻게 식사를 했냐고 물어봐 너무 기분이 좋았다면서 퇴원할 때 감사의 선물을 전하기도 했다. 그렇게 알음알음 소문이 나자 모 대기업 비서가 병원으로 찾아와 회장님 개인 영양사를 제안한 일화도 있다고.

사찰음식으로 환자 만족도 상승

환자들의 건강을 책임진다는 생각으로 암 환자 식단에 대해 끊임없이 공부하던 임춘미 영양과장의 관심을 새롭게 사로잡은 것은 사찰음식이었다.

"좀 더 건강하고 바른 먹거리의 조리법을 고민하면서 건강식은 기본적으로 인공조미료 대신 천연조미료를 사용하고, 재료도 가공하지 않은 원물 자체를 사용하는 것이라고 생각하게 되었습니다. 어떤 음식이 건강식으로 가장 좋을지 오랫동안 생각한 결과 사찰음식이 눈에 들어왔어요. 조계종 불교문화사업단 사찰음식 교육센터 '향적세계'의 교육과정에 대해 알아보니 그냥 몇 가지 사찰음식을 배우는 과정이 아니라, 초중고급 과정이 나뉘어져 있고 사찰음식 자격증도 있더라고요. 배우다 보니 욕심이 생겨 자격증도 따고 전국 사찰음식요리경연대회에 나가 5등을 하는 성과도 얻었습니다(웃음)."

현재 서울힐링요양병원의 환자식은 거동이 불편한 일부 환자에게는 병실로 맞춤 환자식을 제공하고, 거동이 불편하지 않은 대부분의 환자들은 식당에서 풍성하게 준비한 뷔페식을 먹는 형태로 운영된다. 뷔페식의 대부분은 임춘미 영양과장이 건강식으로 준비한 사찰음식이지만, 한쪽에 고기나 생선 메뉴를 따로 준비해 환자들이 선택할 수 있도록 하고 있다.

"환자들도 사찰음식이 건강식이라는 사실을 잘 알고 계시기 때문에 당연히 사찰음식을 좋아하시죠. 하지만 병원에서 사찰음식을 제공할 때 식단 구성이 잘못되면 환자들의 젓가락이 갈 곳이 없고, 조리가 잘못되면 맛이 밍밍해져 가뜩이나 입맛을 잃은 환자들에게 불편감을 드릴 수 있다는 점에 주의해야 합니다. 담백하고 깔끔하고 개운한 맛을 내면서, 먹고 나면 속이 편한 음식으로 식단을 구성하고 맛있게 조리하는 것이 중요하죠. 저희 환자들은 죽 종류를 좋아하시는 편인데 죽집에서 흔히 볼 수 있는 메뉴 대신 연근죽, 마죽, 콩죽, 아욱죽 등 암 환자에게 좋은 재료 원물을 이용해서 만들어드리고 있습니다. 밥도 무나물밥, 뿌리채소인 우엉이나 연근을 넣은 밥, 말린 나물밥 등 일반적으로 많이 먹지 않는 메뉴가 인기가 많습니다. 한편 고기나 생선을 먹고 싶은 환자나 수술 후 빠른 회복이 필요한 환자를 위해서는 양파, 마늘, 버섯 등의 채소를 많이 넣은 고기 요리를 준비하고 생선은 야채수에 조리거나 강황가루를 입혀 오븐에 구워서 준비해드립니다."

간혹 채식으로 이루어진 사찰음식이 암 환자의 단백질 섭취 등 영양 공급에 한계가 있지 않냐고 질문하는 사람도 있다. 하지만 임춘미 영양과장은 다양한 식재료를 통해 그런 문제점을 보완할 수 있다고 설명한다. 일단 잡곡, 제철나물, 버섯류, 뿌리채소, 콩, 두부, 참기름, 들기름 등의 식재료를 골고루 사용하고 된장, 간장, 고추장 등의 발효식품을 많이 활용한다는 것. 인공조미료 대신 버섯, 들깨, 콩을 가루로 만들어 천연조미료로 사용하고 소스나 드레싱도 과일을 직접 갈아서 사용하며 육수도 배추, 무, 표고버섯, 능이버섯, 다시마, 엄나무, 황기 등을 듬뿍 넣어 사용한다.

자연이 만든 항암 식단

임춘미 영양과장은 최근 사찰음식이 암 환자의 식이요법, 암 예방 건강식 등으로 주목받고 있는 것에 대해 "자연의 식재료는 저마다 고유의 특성이 있는데 암세포의 성장을 막는 식물 화합물인

파이토케미컬은 제철 채소와 과일에 듬뿍 들어 있어요. 사람들은 사찰음식이 건강하다고 생각하는데, 사실은 우리 땅에서 자란 제철 채소로 만들었기 때문에 더 건강한 거죠. 무언가를 많이 첨가한 음식이나 눈으로 보기에 예쁘고 멋진 음식보다는 우리 옛 조상들이 먹었던 음식들과 조리법이 지금의 사찰음식이자 최고의 항암 음식이라고 생각합니다."라고 밝혔다.

사찰음식을 선택한 또 다른 이유로는 발효 식품을 꼽았다. 김치, 된장, 청국장과 같은 우리나라 전통 발효 식품은 유산균이 풍부해 장내 환경을 개선하고 살균·항암 효과가 높은 것으로 알려져 있다. 특히 된장은 대한암예방학회가 추천하는 항암 음식 중 하나다. 암은 세포의 돌연변이 현상으로 발생하는 난치병인데, 된장은 항돌연변이 효과를 통해 항암 작용을 한다. 따라서 된장에 함유된 항돌연변이 물질은 세포의 돌연변이 현상을 미리 막음으로써 암 예방에 결정적인 역할을 하기 때문에 발효 식품 중에서도 항암 효과가 탁월하다고.

그런 사찰음식 중에서 임춘미 영양과장이 직접 암 환자 병원식으로 제공하고 있는 메뉴들을 중심으로 선정한 레시피를 정리한 것이 바로 이 책 〈암 예방부터 관리까지, 암 환자 사찰 밥상 88〉이다.

"건강에 가장 큰 영향을 주면서 우리가 스스로 바꿀 수 있는 것이 식생활이에요. 제철 식재료로 만든 사찰음식은 해독을 도와주고, 몸의 염증을 낮춰주며, 몸에 나쁜 물질들과 싸워 이길 수 있도록 건강의 기반을 다질 수 있게 해줍니다. 채식 식단은 성인병과 비만의 주범인 고지방식을 피할 수 있고, 혈중 콜레스테롤 수치를 낮춰 혈관 질환을 예방하며, 풍부한 식이섬유가 변비 예방에 도움이 되죠. 이 책을 통해서 힘든 항암 치료를 하고 있는 분, 항암 치료 후 식이 관리가 필요한 분, 식생활이나 가족력 등으로 암 예방에 관심이 많은 분들이 보다 건강한 밥상을 마주하실 수 있기를 바랍니다."

저자 인터뷰 2

즐거운 마음으로 건강한 집밥을 요리하는 해피쿡스 **지은주 요리연구가**

"사찰음식을 만드는 과정 자체를 즐기는 마음이 중요"

시중에 나와 있는 책이나 인터넷에는 암에 좋은 음식이나 식품을 소개하는 내용이 무수히 많다. 암과 같이 큰 병에 걸린 사람들은 특정 음식이 좋다는 이야기를 외면하기 어렵다. 환자 입장에서 항암 효과가 있다거나 특정 음식을 먹고 암을 치료했다는 후기를 보면 한 번쯤 시도해보고 싶은 생각이 드는 것이 인지상정. 그러나 안타깝게도 그런 음식 대다수는 별 효과가 없다.

오늘도 무엇을 어떻게 먹을 것인지 고민, 또 고민하는 암 환자를 위해 손쉬운 레시피로 다양한 요리를 선보이는 지은주 요리연구가가 나섰다. 본인이 과거 암 수술을 경험하면서 암 환자에게 좋은 음식에 큰 관심을 갖게 된 지은주 요리연구가는 무엇보다도 제철 음식의 힘과 중요성을 느꼈다고. 그중에서도 맛으로 먹기 전에 생명의 가치를 헤아리고 자신을 돌아보는 사찰음식은 건강한 자연식을 넘어 마음을 비우는 자세가 암을 이겨내는 좋은 방법이라고 설명했다.

사찰음식 요리 과정도 수행의 일종

어려서부터 요리를 좋아했고 결혼 후에도 요리 잘하는 주부로 소문이 나 요리연구가의 길을 걸으며 한식, 일식, 약선, 궁중 병과, 전통 장, 베이킹, 약용작물 등 여러 분야의 요리를 섭렵한 지은주 요리연구가는 호서대학교 벤처대학원 융합공학과에서 석사 과정을 이수하고 현재 성결대학교 일반대학원 약용작물산업학과에서 박사 논문을 준비하는 등 끊임없이 공부하고 있다. 지은주 요리연구가가 처음 사찰 요리에 관심을 가지기 시작한 것은 20여 년 전 요리를 시작하면서부터라고.

"채소만 사용하는데도 맛있다고? 그래서 사찰 요리가 궁금했어요. 이후 사찰 요리 행사나 특강을 진행하면 시간이 될 때마다 찾아다니면서 배웠죠."

그러나 가족들이 사찰 요리를 좋아하지 않는다는 것이 문제였다. 바쁜 사회생활로 외식에 익숙한 남편 입맛은 간이 심심한 음식을 좋아하지 않았고, 고기를 좋아하는 성장기 아이들에게 채소만 먹이기는 어려웠기에 사찰 요리에 대한 관심이 점차 뜸해졌다. 본격적으로 사찰 요리에 관심을 가지고 배우기 시작한 시기는 본인이 암에 걸린 이후다.

"보통 암에 걸리는 이유가 음식 때문이라고 생각하잖아요. 제가 유방암에 걸렸을 때가 2004년도 인데 사실 저는 요리를 하니까 조미료 안 쓰고 좋은 식재료만 사용했어요. 그러니까 암에 걸린 게 음식 탓은 아니라는 생각이 들었죠. 반면 당시에 바빠서 밤새는 일이 일주일에 두 번 정도씩 있었는데 그 생활이 1년 정도 이어지자 병이 생기더라고요. 극심한 스트레스로 인해서 암이 생긴 거예요. 원래 스트레스가 모든 병의 원인이라고 하잖아요. 그래서 병원 치료와 항암 치료를 열심히 하는 것과 동시에 내 마음 다스리기가 우선이구나 싶어서 본격적으로 사찰 요리를 공부했죠."

항암 치료와 함께 사찰 요리를 통해 마음을 수련했다는 지은주 요리연구가는 사찰음식을 먹는다는 사실 자체보다 그 음식을 만들기 위해 요리하는 과정 자체가 수행인 만큼 그 과정을 즐겼으면 좋겠다고 전했다.

"암 환자나 암 환자 가족으로서 매일 요리를 하는 게 힘들다고 생각할 수도 있지만 나를 위해서, 내 몸에 영양제를 준다고 생각하면서 만들면 요리하는 동안 잡생각이 없어져요. 수행이 별 거 있나요. 요리하면서 생각을 정리하고 마음을 비우면 그게 일종의 수행이죠."

건강식 중 제일은 제철 음식

사찰에서는 순리를 거스르지 않고 자연이 주는 그대로 섭취하는 것이 몸에 좋다고 보기 때문에 계절에 맞는 제철 채소로 음식을 만든다. 지은주 요리연구가는 "건강한 식생활의 기본은 제철 음식"이라며 제철 음식의 중요성을 강조했다. 암 환자의 몸은 치료 과정에서 독한 약이 들어가 지쳐 있는 상태다. 이럴 때 영양제나 약효가 강하다고 알려진 식품을 선택하기보다는 제철 식재료로 건강한 자연식을 만들어 먹는 게 좋다고.

"골고루 제철에 맞는 음식은 그 계절에 안 좋은 것들을 이길 수 있는 힘을 줘요. 여름 채소는 대부분 수분이 많아서 더위에 우리 몸이 탈수되는 걸 막아주죠. 하지만 겨울에는 그렇게 수분이 많이 필요하지 않으니까 땅속 뿌리에 영양과 기운을 보관한 뿌리채소를 먹잖아요. 그래서 제철 음식을 먹는 게 가장 중요한데 사찰 요리는 그게 자연스럽게 돼요. 또 겨울에 대비해서 제철 음식을 말리거나 장아찌를 만드는 등 조금씩 저장하기도 하는데 영양소의 파괴를 최소화한 저장 음식은 부족한 영양을 보충해줄 수 있는 겨울철 보약이죠."

지은주 요리연구가는 어떤 효능이 있는 음식, 다양한 음식을 찾기보다는 음식을 대하는 자세도 중요하다고 당부했다.

"제가 "건강하게, 맛있게"라는 말을 잘 써요. 물론 사회생활을 하면서 자극적인 음식을 안 먹을 수는 없겠죠. 하지만 그런 음식은 조금씩 줄이고, 내 몸을 위해서 먹는 음식을 한 번 되돌아보면서 먹으면 좋겠어요. 그래서 사찰음식을 먹으면서 "제철에 나는 음식들을 귀하게 먹자"는 마음 하나만 깨달아도 병의 회복에 도움이 될 거라고 생각합니다."

건강한 사찰음식을 맛있게 즐길 수 있는 레시피

지은주 요리연구가가 이 책에 실린 사찰음식 레시피에서 가장 신경 쓴 부분은 간을 맞추는 것이다. 사찰음식에는 인공 조미료 대신 버섯가루, 다시마가루, 제피가루, 들깻가루, 날콩가루 등 자연 재료로 만든 천연 조미료를 사용하는데 아주 오랜 옛날부터 사찰에서 사용해 온 천연 조미료는 각종 국물, 무침, 조림, 김치 등의 음식에 풍미를 더할 뿐만 아니라 영양 불균형을 해소하는 효과도 있다. 그러나 아무리 천연 조미료를 사용하더라도 자극적인 맛에 익숙해진 사람에게 사찰 요리는 담백하고 간이 심심한 편이다.

"한식에서 양념은 다양한 조미료를 넣어서 복합적인 맛을 내요. 뜨겁고 차가운 기운이 다 들어가서 합해진 게 양념이거든요. 예를 들어 소금 등 바다에서 나는 짠 식재료는 대부분 기운이 냉해요. 여기에 고춧가루, 마늘 등 열이 많은 재료를 넣고 섞으면 각각의 기운이 더해지니까 양념이야말로 종합 영양제인 셈이죠. 그런데 사찰음식에는 오신채를 못 넣으니 아무래도 맛을 내기 어렵잖아요. 그래서 사찰음식은 무조건 싱겁게 만들기보다 일반식에서 간을 덜어낸다는 개념으로 조미료를 조금씩 줄이면서 입맛을 잡는 것이 중요해요."

지은주 요리연구가는 이 책을 보는 독자들도 집집마다 양념의 간이 조금씩 다를 수 있기 때문에 무조건 처음부터 책에 나온 레시피대로 만들기보다는 간을 조금씩 덜 넣고 만들었다가 마무리 단계에서 맛을 본 후 조금씩 추가하는 방식으로 자신의 입맛에 맞는 레시피 기준을 세우는 것이 좋을 것 같다고 설명했다.

그리고 이 책 앞부분에는 '사찰음식 기본 준비' 페이지를 따로 구성해 사찰음식에 가장 많이 쓰이는 야채수 만들기 등의 내용을 담았는데, 특히 야채수를 끓이고 남은 재료를 활용하는 부분은 지은주 요리연구가의 제안에 의해 구성되었다. 자투리 채소 등 남은 재료를 버리지 않고 다른 음식에 넣거나 고명으로 활용하는 지혜야말로 사찰음식의 철학이고 정신이라는 것.

"치료에 지친 환자는 기운도 없고 의욕도 없고 입맛도 없는 경우가 많죠. 몸이 조금 힘들고 요리가 하기 싫다면 표고버섯이나 우엉 등 재료 하나만 넣고 끓인 물을 차처럼 마시는 것부터 시작해보면 좋을 것 같아요. 사찰음식의 밑국물로 쓰이는 야채수를 연하게 끓여서 차로 마셔도 좋아요. 사찰음식이 몸에 좋다고 억지로 약 먹듯이 먹기보다는 입에서 맛있다고 느껴야 몸에서도 잘 받아들이고 약이 된다고 생각합니다. 그 맛을 내줌으로써 사찰음식을 좀 더 즐겁게 먹을 수 있도록 다양한 방법을 알려주는 것이 제가 요리 선생으로서 할 수 있는 역할이죠."

몸과 마음의 건강을 함께 챙기는
사찰음식 이야기

2017년 2월 넷플릭스가 공개한 오리지널 다큐 시리즈 〈셰프의 테이블(CHEF'S TABLE)〉 시즌 3은 전 세계 유명 셰프 6명이 각각 자신의 요리 세계를 보여주는 6편의 에피소드로 구성되어 있다. 그중 우리나라 사찰음식의 대가인 정관스님이 출연한 에피소드는 그해 2월에 열린 제67회 베를린국제영화제 다큐 부문 후보작으로 초청되어 큰 화제를 낳았다. 이후 그 사찰음식 다큐는 에미상 후보에 올랐을 뿐만 아니라, 요리계의 오스카상이라고 불리는 제임스 비어드 어워드에서 TV 프로그램 온 로케이션 부문 1위를 차지했다.
이 놀라운 일은 2014년 미국의 유명 요리사 에릭 리퍼트가

세계 각국의 요리를 소개하는 TV 프로그램을 촬영하기 위해 한국을 방문했다가 정관스님의 사찰음식에 감동을 받아 스님을 뉴욕으로 초청한 데서 시작되었다. 이때 〈뉴욕타임즈〉 제프 고디니에 기자가 정관스님의 사찰음식을 맛보고는 2015년 한국의 백양사 천진암을 찾아와 4박5일 템플스테이에 참가한 후 돌아가서 한국 사찰음식에 대해 "세계에서 가장 고귀한 음식"이라는 기사를 썼다. 그 기사를 본 데이비드 겔브 감독이 2016년 한국에 와서 사찰음식 다큐를 촬영한 것이다.

비싼 식재료, 화려한 장식, 대단한 요리 테크닉 대신 자연과 시간의 힘을 빌려 소박하고 정갈하게 차린 사찰음식. 고기와 오신채를 금지한 것만 빼면 전통 한식과 비슷해 우리에겐 비교적 익숙한 사찰음식에 세계가 주목한 이유는 무엇일까? 절에서 스님들이 먹는 음식이라고만 생각했던 사찰음식에는 어떤 가치가 담겨 있을까?

자비 사상에 바탕을 둔 소박한 채식

지금도 태국, 미얀마 등지에서는 매일 아침 승려들이 발우(음식을 담는 그릇)를 들고 먹을 것을 얻는 탁발 행렬을 볼 수 있다. 이는 출가한 승려가 어떤 생산 활동에도 종사하지 않고 어떤 것도 소유하지 않는 삶을 살며, 탁발을 통해 얻은 음식으로 끼니를 해결해야 했던 초기 불교의 모습이 그대로 남아 있는 것이다. 승려는 그렇게 음식을 구걸하는 탁발을 통해 무소유와 해탈의 경지에 이를 수 있다고 믿었고, 승려에게 음식을 시주하는 사람들은 그것이 공덕을 쌓는 일이라고 믿었다. 그러다 보니 초기 불교에서는 승려가 육식을 하기도 했다. 탁발한 음식은 어떤 편견도 없이 가리거나 남기지 않고 먹어야 했기 때문에 음식에 고기가 있을 경우는 골라내지 않고 그대로 먹었던 것.

이후 승려들의 종교였던 불교를 널리 민중에게 개방하여 더 많은 중생을 구제하려는 이타적 세계관의 대승불교가 새로 일어나면서 중국, 몽골, 티베트, 한국, 일본 등 아시아 북방 지역으로 전파되었다. 중국에 전파된 대승불교는 5~6세기부터 살아있는 모든 생명을 내 몸과 같이 여기라는 자비 사상의 영향으로 "육식은 자비의 종자(씨앗)를 끊는 것"이라며 육식을 금했다. 이에 따라 대승불교가 전래된 우리나라도 삼국시대부터 왕실과 귀족들이 앞장서서 채식을 권장했고, 불교를 숭상했던 고려시대에는 일반 백성들에게까지 채식 위주의 식문화가 널리 확산되었다. 이후 조선시대에 들어와 숭유억불 정책으로 불교의 세력이 줄어들면서 고기를 먹는 식문화가 형성됐지만, 속세를 떠나 산속으로 들어간 사찰에서 승려들이 먹는 사찰음식은 자연의 순리에 순응하는 소박하고 건강한 채식으로 발달하게 되었다.

사찰음식에서는 육식과 함께 오신채도 금지한다. 오신채는 매운맛을 내는 파, 마늘, 달래, 부추, 흥거의 5가지 채소를 의미하는데 이중 흥거는 우리나라에서 자라지 않는 것으로 마늘 냄새가 나는 채소라고 알려져 있다. 이들 오신채의 공통점은 맵고 냄새가 강하며 자극적인 맛으로 식욕을 자극해 음식에 대한 욕망을 불러일으킨다는 것. 또 혈기를 왕성하게 하여 승려가 마음을 차분하게 가라앉히는 것을 방해하기 때문에 사찰음식의 금지 품목이 되었다.

이렇게 고기와 오신채를 금하는 것은 사찰음식의 대표적 특징이지만, 예외는 있다. 불교에서도 한창 자라야 하는 동자승이나 체력을 회복해야 하는 환자는 필요한 경우 고기와 오신채를 먹을 수 있게 허락한다고.

제철 식재료의 맛과 영양을 살린 자연식

우리나라는 사계절이 뚜렷하게 구분되어 자연의 먹을거리 또한 계절에 따라 다채롭게 바뀌는 특징을 가지고 있다. 온대 기후라서 여러 가지 곡식과 채소가 골고루 잘 자라며, 삼면의 바다에서는 서로 다른 해산물이 다양한 맛을 자랑한다. 따뜻해진 봄 햇살에 제일 먼저 올라오는 봄나물, 무더위와 갈증을 시원하게 가셔주는 여름 과일과 채소, 가을이 되면 영양을 꽉꽉 채우는 뿌리채소와 버섯, 겨울에 먹을 수 있도록 준비한 건나물 등의 저장식품은 사계의 특징이 깃든 자연의 선물이다. 또 깊은 바다에서 자란 미역, 다시마, 김 등의 해조류는 특유의 감칠맛으로 입맛을 돋운다. 이렇게 자연에서 얻은 재료에 담긴 생명을 내 생명과 마찬가지로 존중하고, 재료 본연의 맛을 최대한 살려서 간소하게 요리하고, 먹을 수 있음에 감사하는 것이 사찰음식의 본질이다.

사찰음식은 자연 그대로의 맛을 내기 위해 인공 조미료 대신 다양한 천연 조미료를 사용한다. 오신채 사용이 금지되다 보니 맛과 향을 내기 어렵기 때문에 다시마, 버섯, 들깨, 콩 등의 재료를 가루로 만든 후 요리에 따라 감칠맛, 구수한 맛, 담백한 맛, 시원한 맛을 내고 영양을 보완하는 데 활용한다. 이런 천연 조미료는 사찰마다 독특하게 제조되었고, 각종 장류와 장아찌 등 저장 음식과 함께 사찰마다 고유의 음식 문화를 형성하는 데 큰 역할을 했다.

사찰음식의 가장 큰 특징 중 하나는 자연에서 얻은 재료를 가능한 한 버리지 않고 모두 먹는다는 것이다. 쌀도 너무 깎아내지 않도록 정미하고, 쌀 씻은 물이나 버섯 불린 물이나 나물 데친 물도 음식을 만드는 데 활용한다. 이는 자연에서 얻은 재료를 버리는 부분 없이 최선을 다해 사용하는 자세에서 나온 것이지만, 영양소의 손실을 막는 효과도 있다. 요즘 젊은 세대에게 인기 있는 마크로비오틱도 재료 전체의 영양을 최대한 섭취하기 위해 신선한 제철 재료를 뿌리나 껍질까지 요리하는 것으로 알려져 있는데, 그 역시 밥상에 오르는 재료를 생명으로 바라보고 모든 생명체와 함께 자연의 질서를 따르며 조화롭게 사는 것을 목표로 하는 라이프 스타일이라는 점에서 사찰음식과 통한다.

암 예방과 치료에 도움이 되는 건강식

현대인의 식생활은 열량이 높고 가공식품의 비중이 크다. 여러 가지 식품첨가물을 넣어 맛과 향을 내거나 더 부드럽게 가공한 고열량 음식 덕분에 혈당이 높아지고, 체중이 늘어나고, 각종 성인병이 생긴다. 먹을 것이 풍족한 만큼 건강을 걱정해야 하는 시대다. 의사의 조언에 따르면 암 예방을 위한 생활 습관은 각종 만성질환 즉 성인병을 예방하는 생활 습관과 크게 다르지 않다고 한다. 담배, 술, 짠 음식, 붉은 육류, 가공식품 섭취가 과도하면 각종 암 발병의 원인이 된다

는 것. 또 이런 식습관으로 인한 비만 또는 과체중은 식도암, 폐경 후 유방암, 대장암, 자궁내막암, 난소암 등의 발병 위험을 증가시킨다.

암, 성인병 등의 예방과 치료에 도움이 되는 건강식에 관심이 높아지면서 사찰음식이 주목받고 있는 것은 자연스러운 일이다. 직접 뜯어온 산나물이나 텃밭에서 나온 신선한 채소를 주재료로 사용하고, 재료 본연의 맛과 영양을 살릴 수 있도록 직접 담근 전통 장으로 슴슴하고 담백하게 조리하니 웰빙 건강식이 따로 없다. 세계암연구기금과 미국암연구소가 식습관, 신체 활동, 체중에 대한 수천 가지 연구 결과를 포괄적으로 평가한 결과 역시 식물성 식품이 암을 예방하고 치료하는 데 도움을 주는 것으로 나타났다. 칼로리와 지방이 적고, 건강에 도움을 주는 생리활성 작용을 하는 파이토케미컬과 항산화물질을 함유한 식물성 식품이 암 위험을 줄이기 때문이다.

사찰음식의 또 다른 특징은 약용식물의 활용이다. 한의학에서는 식약동원이라 하여 음식과 약의 근원이 같다고 보았는데, 현대 의학의 관점에서 볼 때 음식을 약이라고 할 수 없는 것은 분명하다. 하지만 사찰음식은 영양뿐만 아니라 병을 예방하고 치료하는 데 도움을 줄 수 있는 약리작용의 측면까지 세심하게 고려하며 발전해왔다. 한의학에서는 생활습관병을 예방하고 치료하는 성분을 함유한 약용식물을 약재로 사용하는데, 사찰 부근의 산중에서는 그런 약용식물을 구하기 수월했기 때문이다. 이는 불교와 함께 사찰음식이 우리나라에 들어와 자리 잡은 1500년 이상의 긴 시간 동안 약리작용에 대한 경험과 지혜로 발전했다.

많은 음식 전문가들은 사찰음식에 사라져가는 한식의 원형이 담겨 있다고 말한다. 바쁜 현대인의 라이프스타일에 따라 전통 장 사용이 줄고, 패스트푸드 섭취가 늘고, 육류 소비가 급증하는 등 식문화도 빠르게 변화하고 있다. 집밥도 고칼로리 메뉴인 경우가 많고, 엄마 손맛은 공장에서 대량 생산한 제품으로 대치되는 경우가 많다. 그렇게 사라져 가고 있는 우리 전통 음식 문화가 오롯이 남아 있는 것이 바로 사찰음식이라는 것이다. 〈뉴욕타임즈〉 제프 고디니에 기자의 말처럼 "세계에서 가장 고귀한 음식"까지는 몰라도 '세상에서 가장 평화로운 음식'임에 틀림없는 사찰음식은 현대 사회의 건강한 식문화를 만들어갈 키워드다.

❖ 사찰음식 기본 준비

야채수

야채수는 사찰요리의 기본 아이템입니다.
감칠맛이 뛰어난 다시마, 건표고, 무를 넣고 끓인 야채수를 물 대신 사용하면 요리가 한층 맛있어져요.

재료
물 1200ml,
다시마(5×5cm) 5장,
건표고 5개,
무(5×5×1cm) 1조각

1. 냄비에 재료를 모두 넣고 약불에서 30분 끓인다.
2. 불을 끄고 야채수의 재료들을 건져낸다.
3. 끓인 야채수를 한 김 식혀서 보관할 용기에 옮긴다.

야채수 끓인 재료 활용 메뉴

야채수를 끓이고 남은 재료를 그냥 버리면 너무 아깝죠.
음식물 쓰레기가 전혀 나오지 않도록 발우공양을 하는 사찰음식의 정신에도 어긋나고요.
야채수를 끓인 후에도 제법 많은 영양성분이 남아 있는 재료를 얼마든지 요리에 활용할 수 있어요.
야채수 끓인 후 건진 다시마(야채수 다시마), 표고(야채수 표고)를 다양한 요리 재료로 사용해보세요.

다시마표고채 조림　　　　　　　　다진 다시마표고 조림

다시마표고채 조림

재료 /
야채수 다시마 5장,
야채수 표고 5개

조림장 /
간장 1큰술, 조청 1½큰술,
야채수 100ml,
참기름 1작은술

1. 야채수 끓인 후 건진 표고를 얇게 슬라이스 한다.
2. 야채수 끓인 후 건진 다시마를 적당한 크기로 자른 후 얇게 채 썬다.
3. 팬에 1, 2, 조림장 재료를 넣고 끓으면 중약불로 줄여 속까지 간이 배도록 물기가 거의 없을 때까지 조린다.

Cooking Tip
* 볶음밥, 주먹밥, 김밥의 재료나 반찬, 국수나 떡국의 고명으로 두루 사용하면 좋다.

다진 다시마표고 조림

재료 /
야채수 다시마 5장,
야채수 표고 5개

조림장 /
간장 1큰술, 조청 1½큰술,
야채수 100ml,
참기름 1작은술

1. 야채수 끓인 후 건진 표고를 적당한 크기로 잘라 커터기에 넣고 갈아준다.
2. 야채수 끓인 후 건진 다시마를 작은 크기로 잘라 커터기에 넣고 갈아준다.
3. 커터기에 1, 2, 조림장 재료를 모두 넣고 살짝 갈아 섞어준다.
4. 팬에 3을 넣고 끓으면 중약불로 줄여 속까지 간이 배도록 물기가 거의 없을 때까지 조린다.

Cooking Tip
* 손으로 다진 것처럼 입자가 어느 정도 남아 있을 정도로만 갈아준다.
* 볶음밥, 주먹밥, 김밥의 재료로 두루 사용하면 좋다.

PART 1
든든한 곡기, 밥 & 죽

밥이 보약
시래기밥
곤드레나물밥
우엉밥
콩나물무밥
두부김치밥
도라지무밥

소화 잘되는 죽
시금치죽
녹두죽
밤현미찹쌀죽
밤단호박죽
아욱죽
양송이브로콜리죽
냉이타락죽
흑임자타락죽
연근죽

시래기밥

재료/
건시래기 40g, 불린 쌀 300g,
야채수 300ml, 참기름 1큰술,
된장 1큰술

양념장/
간장 2큰술, 참기름 1큰술,
청양고추 1/2개 다진 것,
홍고추 1/2개 다진 것

1. 건시래기는 하룻밤 물에 불리고 불린 물과 함께 냄비에 넣고 끓기 시작하면 약불로 줄여 30분 이상 충분히 삶아서 깨끗이 세척한 후 껍질을 벗기고 여러번 헹군다.
2. 1의 물기를 꼭 짠 후 3~4cm 길이로 자르고 참기름, 된장을 넣어 조물조물 무친다.
3. 냄비에 쌀을 넣고 2를 올린 후 물을 부어 중불에서 5분, 약불에서 15분 끓인 뒤 불을 끄고 5분 뜸을 들인다.
4. 양념 재료를 섞어 양념장을 만든다.
5. 다 된 밥을 그릇에 뜨고 양념장을 곁들여낸다.

Cooking Tip

* 건시래기 40g을 하룻밤 물에 불린 후 물기를 짜면 200g 정도로 양이 늘어난다.
* 삶은 시래기를 이용할 때는 손질 후를 생각해 양을 넉넉히 구입하고, 한 번 더 데쳐서 사용한다.

곤드레나물밥

재료 /
건곤드레나물 30g,
불린 쌀 300g, 물 300㎖,
참기름 1큰술, 국간장 1큰술

양념장 /
간장 2큰술, 참기름 1큰술,
청양고추 1/2개 다진 것,
홍고추 1/2개 다진 것

1. 건곤드레나물은 6시간 이상 물에 불린 후 불린 물과 함께 냄비에 넣고 끓기 시작하면 약불로 줄여 30분 정도 삶아서 깨끗이 씻는다.
2. 1을 물기 꼭 짜고 4~5cm 길이로 잘라 참기름, 국간장 넣어서 조물조물 무친다.
3. 쌀 위에 2를 얹고 물을 부은 후 중불 5분, 끓으면 약불로 줄여서 15분, 불 끄고 5분 뜸 들여 밥을 짓는다.
4. 양념을 섞어 만든 양념장을 밥과 함께 곁들여 낸다.

Cooking Tip

* 건곤드레나물 30g을 물에 불리면 150g 정도, 즉 5배 정도의 양이 된다.
* 건곤드레나물 불린 물은 삶을 때 그대로 이용한다.
* 곤드레나물은 삶은 후 물 안에서 그대로 식혀서 씻는다.

우엉밥

재료 /

우엉 150g, 야채수 표고 2개,
불린 쌀 300g, 야채수 300ml,
참기름 1큰술, 소금 1작은술

양념장 /

간장 2큰술, 참기름 1큰술,
청양고추 1/2개 다진 것,
홍고추 1/2개 다진 것

1. 우엉은 흐르는 물에 껍질을 솔로 문질러 깨끗이 씻은 후 0.3×5cm로 채 썬다.
2. 야채수 끓인 후 건진 표고도 얇게 채 썬다.
3. 밥솥에 불린 쌀, 우엉, 표고, 야채수를 넣고 중불에서 5~6분 지나 끓으면 약불로 줄여서 15분, 불 끄고 5분 뜸들이기를 해서 밥을 짓는다.
4. 밥이 다 되면 참기름을 넣고 고루 섞은 후, 소금을 넣고 다시 섞는다.
5. 양념 재료를 섞어 양념장을 만든다.
6. 그릇에 우엉밥을 담고 양념장을 따로 곁들인다.

Cooking Tip

*밥에 간이 되어 있으니 먼저 먹어보고 양념장의 양을 조절해서 넣는 것이 좋다.

콩나물무밥

재료

불린 쌀 300g, 야채수 250ml,
콩나물 100g, 무 100g

양념장

간장 2큰술, 참기름 1큰술,
청양고추 1/2개 다진 것,
홍고추 1/2개 다진 것

1. 콩나물은 씻은 후 물기를 뺀다.
2. 무는 씻어서 4×0.5cm 크기로 채 썬다.
3. 냄비에 쌀을 넣고 무채와 콩나물을 올리고 물을 부은 후 중불 5분, 끓으면 약불로 줄여서 15분, 불 끄고 5분 뜸 들여 밥을 짓는다.
4. 양념을 섞어 만든 양념장을 밥과 함께 곁들여 낸다.

Cooking Tip

* 물 대신 야채수를 사용하면 더 맛있다.
* 여름에는 무가 물이 많고 쓴맛이 날 수 있으니 슬쩍 데쳐서 사용하는 것이 좋다.

두부김치밥

재료

익은 배추김치 다진 것 160g,
두부 1모, 밥 300g,
참기름 1큰술, 통깨 1큰술,
김가루 또는 구운 김 약간

양념장

간장 2큰술, 참기름 1큰술,
청양고추 1/2개 다진 것,
홍고추 1/2개 다진 것

1. 익은 배추김치는 국물을 짠 후 쫑쫑 썰어서 팬에 참기름을 두르고 살짝 볶는다.
2. 두부는 면포나 키친타올에 싸서 물기를 꼭 짜고 칼등으로 으깬 다음 팬에 참기름을 두르고 물기 없이 볶는다.
3. 밥에 1, 2, 통깨, 양념장을 넣고 잘 섞어준다.
4. 3을 밥그릇에 담았다가 접시에 뒤집어 봉긋한 모양을 만든 후 김가루를 뿌려주거나, 주먹밥을 만든 후 구운 김을 잘라 붙인다.

Cooking Tip

* 김치는 볶아서 사용해야 군내와 신맛이 나지 않는다.
* 양념장은 영양밥 양념장과 동일하다.
* 김가루는 김밥용 구운 김을 작게 찢어서 커터기에 넣고 새끼손톱 정도 크기로 갈아주면 된다.

도라지무밥

재료

불린 쌀 300g,
물 300ml, 무 100g,
도라지 50g, 배 30g

양념장

간장 2큰술, 참기름 1큰술,
청양고추 1/2개 다진 것,
홍고추 1/2개 다진 것

1. 배는 강판이나 믹서에 갈아준다.
2. 무는 작게 채 썬다.
3. 도라지는 작게 채 썬 후 1을 넣고 버무려서 20분 정도 재운다.
4. 냄비에 쌀을 넣고 2, 3을 올린 뒤 물을 부어 중불에서 5분, 약불에서 15분 끓인 뒤 불을 끄고 5분 뜸을 들인다.
5. 양념 재료를 섞어 양념장을 만든다.
6. 다 된 밥을 그릇에 뜨고 양념장을 곁들여낸다.

Cooking Tip

* 쌀 대신 현미찹쌀도 사용 가능하며,
압력밥솥 사용 시에는 안 불린 쌀 240g을 사용해도 된다.
* 취향에 따라 도라지 양은 더 늘려도 되며, 쌀 위에 올릴 때
배 간 것에 도라지를 재운 즙까지 모두 넣는다.
* 센불에서 끓이면 밑부분이 눌어붙기 쉬우므로 중불에서 시작한다.

잠깐 정리! 밥 짓기 기본 공식

영양밥

환자용 밥 또는 건강에 좋은 영양밥을 따로 소량만 해야 할 경우가 있죠? 그럴 때 참고하세요.

1. 이 책에 나오는 밥 짓기는 불린 쌀 1컵이 150g 기준으로, 쌀 120g을 씻어서 30분 불린 후 체에 받쳐 물기를 빼면 150g이 된다.
2. 밥물의 양은 어떤 밥을 짓는지 재료에 따라 조금씩 다르지만, 시간은 공통적으로 중불 5분 〉 끓으면 약불로 줄여서 15분 〉 불 끄고 5분 뜸들이기 하면 된다.

영양밥 양념장

영양이 듬뿍 들어간 영양밥은 별다른 반찬 없이도 맛있게 즐길 수 있죠.
그러려면 쓱쓱 비벼 먹을 양념장이 맛있어야겠죠?

재료
간장 2큰술, 참기름 1큰술,
청양고추 1/2개 다진 것,
홍고추 1/2개 다진 것

1. 청양고추, 홍고추는 깨끗이 씻어 칼로 잘게 다진다.
2. 간장, 참기름, 1을 섞어 밥 양념장을 만든다.

Cooking Tip
＊밥 양념장에 사용하는 간장은 양조간장이나 진간장이다.

시금치죽

재료

시금치 150g,
불린 쌀 150g, 물 5컵,
찹쌀가루 35g, 소금 약간

1. 믹서에 불린 쌀을 넣고 반 정도 갈아준 다음 냄비에 붓는다.
2. 믹서에 시금치와 물 2컵을 넣고 갈아준 다음 1의 냄비에 붓는다.
3. 냄비에 물 2컵을 더 붓고 약불에서 15분 끓인다.
4. 물 1컵에 찹쌀가루를 넣어 섞은 것을 3에 넣고 약불에서 3~4분 더 끓인 후 소금으로 간을 한다.

녹두죽

재료/
불린 녹두 260g, 물 6컵,
찹쌀가루 35g, 소금 1작은술

1. 녹두는 씻어서 물에 3시간 이상 불리고 여러 번 헹구어 껍질을 최대한 제거한다.
2. 냄비에 녹두와 물 5컵을 넣고 센불에서 10분 끓인 뒤 약불로 줄여 30분 더 끓인다.
3. 2의 물 상태를 체크해서 약불 또는 중불에서 10분 정도 더 끓인다.
4. 약불로 줄이고 물 1컵에 찹쌀가루 섞은 것을 3에 넣은 후 3~4분 더 끓이고 소금으로 간한다.

Cooking Tip

* 녹두 100~105g을 물에 불리면 130g 정도 되므로, 200~210g을 물에 불려서 불린 녹두 260g을 준비한다.
* 죽이 너무 되직하면 물을 추가한다.

밤현미찹쌀죽

재료

불린 현미찹쌀 150g,
물 6컵, 찹쌀가루 35g,
밤 5개, 소금 약간

1. 밤은 껍질을 까고 굵게 다진다.
2. 냄비에 불린 현미찹쌀, 다진 밤, 물 5컵을 넣고 푹 퍼지도록 약불에서 40~50분 끓인다.
3. 물 1컵에 찹쌀가루 섞은 것을 2에 넣고 약불에서 3~4분 끓인 후 소금으로 간한다.

Cooking Tip

*40분 정도 끓었을 때 뚜껑을 열어보고 더 끓여야 하는지 상태를 확인한다.
*삶은 밤을 조금 준비해서 껍질 벗기고 굵게 다진 후 죽 위에 고명으로 올리면 더 좋다.

밤단호박죽

재료

밤 10개, 단호박 200g,
마 가루 1큰술, 우유 400ml,
찹쌀가루 35g, 물 1컵,
소금 1/2작은술

1. 씨를 제거한 단호박과 껍질 벗긴 밤을 찜기에 찐다.
2. 찐 단호박은 껍질을 벗겨 노란 살만 준비한다.
3. 믹서에 밤, 단호박, 마 가루, 우유를 넣고 간 다음 냄비에 담아 중불로 끓인다.
4. 물 1컵에 찹쌀가루 섞은 것을 3에 넣고 약불에서 3~4분 끓인 후 소금으로 간한다.

Cooking Tip

*밤과 단호박을 찔 때는 센불 10분, 중불 20분 후 불 끄고 10분 뜸들이면 된다.
*그릇에 담은 죽 위에 찐 단호박 슬라이스 조각을 고명으로 올리면 더 좋다.

아욱죽

재료

아욱 150g, 굵은 소금 1큰술,
불린 쌀 150g, 물 6컵,
된장 3큰술, 참기름 1큰술,
소금 약간

1. 아욱은 씻어 물기 있는 상태에서 굵은 소금으로 바락바락 여러 번 치대고 물로 헹구어 물기를 짠 후 3~4cm 길이로 썰어준다.
2. 냄비에 참기름을 두르고 불린 쌀을 넣어 약불에서 볶아준다.
3. 물 1컵에 된장을 풀어 체에 받치고 내린 물을 2에 붓고 끓인다.
4. 3의 쌀이 퍼지면 아욱과 물 5컵을 넣고 약불에서 푹 무르도록 끓인 후 소금으로 간한다.

양송이브로콜리죽

재료

양송이버섯 200g,
브로콜리 200g, 양파 150g,
호두살 100g, 야채수 5컵,
쌀가루 60g, 들기름 1큰술,
소금 1/2 작은술,
파슬리 가루 약간

1. 양송이버섯, 브로콜리, 양파는 커터기에 각각 넣어 곱게 다진다.
2. 믹서에 호두살, 야채수 1컵을 넣고 곱게 간 다음 쌀가루를 넣고 다시 한 번 갈아준다.
3. 들기름을 두른 팬에 1을 넣고 볶다가 2와 야채수 4컵을 넣어 끓인다.
4. 다 끓으면 소금으로 간하고 먹기 직전에 파슬리 가루를 뿌린다.

Cooking Tip

＊버섯이나 브로콜리, 호두 중 원하는 것을 조금 남겨 따로 익힌 후 죽 위에 고명으로 사용하면 더 좋다.

냉이타락죽

재료 /

불린 쌀 150g, 냉이 70g,
쌀뜨물 2컵, 우유 400ml,
소금 약간

1. 믹서에 불린 쌀, 쌀뜨물 1컵을 넣고 갈아준 후 냄비에 붓는다.
2. 믹서에 깨끗이 손질한 냉이, 쌀뜨물 1컵을 넣고 갈아준 후 1의 냄비에 붓는다.
3. 냄비에 담긴 1과 2를 중약불로 끓인다.
4. 죽이 익어 퍼지면 우유를 넣고 한소끔 끓어오르면 약불로 줄여 저어가며 끓인다.
5. 4가 걸쭉해지면 불을 끄고 소금으로 간한다.

Cooking Tip

* 믹서에 갈 때 재료의 입자가 살아 있도록 살짝 갈아야 씹는 맛이 있어서 좋다.

흑임자타락죽

재료
볶은 검은깨 5큰술,
불린 쌀 150g, 우유 400ml,
찹쌀가루 35g, 물 1컵,
소금 약간

1. 믹서에 볶은 검은깨, 불린 쌀을 넣고 우유를 조금씩 부어가며 갈아준다.
2. 냄비에 1을 넣고 중불에서 끓인다.
3. 물 1컵에 찹쌀가루 섞은 것을 2에 넣고 저어주며 약불에서 3~4분 더 끓인 후 불을 끄고 소금으로 간한다.

Cooking Tip
* 쌀에 따라 조금씩 다르지만 보통 쌀 120g을 1시간 정도 불리면 150g 정도 된다.

연근죽

재료

연근 250g, 불린 쌀 150g,
우유 400ml, 물 4컵,
찹쌀가루 35g,
소금 1/2작은술

1. 믹서에 불린 쌀, 물 3컵을 넣고 곱게 갈아준다.
2. 냄비에 1을 넣고 약불에서 저으면서 끓여준다.
3. 믹서에 연근, 우유를 넣고 갈아준다.
4. 2의 냄비에 3을 넣고 5분쯤 더 끓인다.
5. 찹쌀가루를 물 1컵에 풀어 4에 섞어준 후 약불에서 3~4분 더 끓인다.
6. 다 끓으면 맛을 보고 소금으로 간한다.

Cooking Tip

* 쌀에 따라 조금씩 다르지만 보통 쌀 120g을 1시간 정도 불리면 150g 정도 된다.

PART 2
따끈한 국 & 국물 요리

밥이 술술 넘어가는 국
두부배춧국
콩가루배춧국
얼갈이배추들깻국
아욱된장국
콩비지김칫국
두부감잣국
매생잇국

속이 따뜻해지는 국물 요리
양송이버섯들깨탕
능이버섯탕
토마토스튜

두부배춧국

재료

두부 1/2모, 배추 120g,
애호박 60g, 청양고추 1/2개,
홍고추 1/2개, 야채수 500ml,
다진 생강 1작은술,
간장 1작은술, 소금 1/2작은술

1. 두부, 애호박은 2×2×1cm 크기로 자른다.
2. 배추도 2×2cm 크기로 자른다.
3. 청양고추, 홍고추는 송송 썰어준다.
4. 냄비에 야채수와 재료를 모두 넣고 끓으면 간을 맞춘다.

콩가루배춧국

재료

배추 400g, 야채수 1L,
된장 2큰술, 날콩가루 5큰술,
청양고추 1/2개, 홍고추 1/2개,
소금 약간

1. 배추는 씻어 물기를 빼고 길이로 이등분 후 2~3cm 크기로 자른다.
2. 냄비에 야채수와 된장을 넣고 끓인다.
3. 2가 끓으면 1에 콩가루를 뿌려 버무린 것을 넣고 약불에서 20분 끓인다.
4. 소금으로 간을 한 뒤 청양고추, 홍고추를 송송 썰어 넣고 한소끔 더 끓인다.

얼갈이배추들깻국

재료

얼갈이배추 300g,
된장 3큰술, 야채수 1L,
거피들깻가루 5큰술,
소금 약간

1. 얼갈이배추는 뿌리를 깨끗이 손질하고 씻어서 끓는 물에 소금을 넣고 줄기가 무르도록 삶은 후 찬물에 헹궈서 물기를 슬쩍 짜준다.
2. 1에 된장을 넣고 조물조물 무친다.
3. 냄비에 야채수를 넣고 끓으면 2와 들깻가루를 넣고 한소끔 끓인 후 맛을 보고 소금으로 간한다.

Cooking Tip

*얼갈이배추를 삶을 때는 줄기가 투명한 느낌이 날 정도, 젓가락으로 찌르면 들어갈 정도로 삶는 것이 좋다.
*얼갈이배추의 양이 많으면 삶은 후 물기를 슬쩍 짜서 비닐 팩에 넣어 냉동 보관해두면 다음에 바로 국을 끓일 수 있어 편리하다.

아욱된장국

재료

아욱 200g, 굵은 소금 1큰술,
된장 2큰술, 고추장 1작은술,
야채수 1L, 소금 약간

1. 아욱은 씻어 물기 있는 상태에서 굵은 소금으로 바락바락 여러 번 치대고 물로 헹구어 물기를 짠 후 3~4cm 길이로 썰어준다.
2. 냄비에 야채수를 넣고 끓으면 된장 풀고 1을 넣어 중불에서 끓인다.
3. 2가 끓으면 고추장을 넣고 아욱이 퍼지도록 뭉근하게 끓인 후 맛을 보고 소금으로 간을 맞춘다.

콩비지김칫국

재료/

흰콩 100g, 야채수 1L,
익은 배추김치 200g,
들기름 2큰술,
표고버섯가루 2큰술,
고춧가루 2큰술,
국간장 1작은술

1. 콩은 씻어 하룻밤 불린 후 손으로 비벼 껍질을 제거한다.
2. 믹서에 1과 야채수를 넣고 곱게 간다.
3. 배추김치는 잎의 결을 따라 길이로 이등분하고 1cm 길이로 썬 다음,
들기름을 두른 냄비에 넣고 볶는다.
4. 3의 냄비에 2, 표고버섯가루, 고춧가루를 넣고 약불에서 30분 정도 끓인다.
5. 다 끓으면 맛을 보고 국간장으로 간을 맞춘다.

Cooking Tip
＊집집마다 김치 간이 다르므로 끓인 후 맛을 보고 간을 조절한다.

두부감잣국

재료

감자 200g, 야채수 표고 2개,
두부 1/2모,
거피들깻가루 50g, 물 100ml,
쑥갓 1줄기, 홍고추 1/2개,
야채수 1L, 소금 1/2큰술

1. 감자는 씻어서 껍질을 벗기고 2cm 두께로 납작하게 자른다.
2. 두부는 2×2×2cm로 자른다.
3. 야채수 끓인 후 건진 표고는 기둥을 떼고 두부 크기 정도로 4~6등분한다.
4. 거피들깻가루에 물을 넣고 섞는다.
5. 쑥갓은 씻어서 3~4cm 길이로 자른다.
6. 냄비에 야채수를 넣고 끓으면 먼저 감자를 넣어 중강불에서 10분 정도 익힌다.
7. 6의 냄비에 2, 3, 4를 넣어 끓인 다음 고명으로 쑥갓, 홍고추를 올려낸다.

Cooking Tip

* 표고를 자를 때는 칼을 비스듬히 눕혀서 잘라야 모양이 예쁘다.
* 감자는 껍질을 벗긴 후 무게가 200g이 되도록 준비한다.
* 거피들깻가루에 물을 섞어서 넣어야 들깻가루가 뭉치지 않고 고루 풀린다.

매생잇국

재료

매생이 200g, 야채수 400ml,
국간장 1작은술, 마 60g

1. 매생이는 흐르는 물에 씻어 가는 체에 받쳐 물기를 뺀다.
2. 마는 씻어서 껍질을 벗기고 1×1cm 크기로 깍둑 썬다.
3. 냄비에 야채수를 넣고 끓으면 1을 넣고 한소끔 끓인 후 간장으로 간한다.
4. 3에 깍둑 썬 마를 넣고 뒤적인 후 불을 끈다.

Cooking Tip

* 불 끄기 직전에 마를 넣으면 아삭한 식감을 즐길 수 있다.
* 생마를 못 먹는 사람은 매생이와 함께 마를 넣고 한소끔 끓여서 부드러운 식감으로 즐기도록 한다.
* 기호에 따라 마는 넣지 않아도 된다.

양송이버섯들깨탕

재료

양송이버섯 400g,
거피들깻가루 100g,
야채수 400ml, 부침유 약간,
소금 약간

1. 양송이버섯은 4등분해서 잘라준다.
2. 냄비에 부침유를 두르고 1을 넣은 후 소금을 약간 뿌려 노릇하게 볶는다.
3. 야채수에 거피들깻가루 섞은 것을 2에 넣고 한소끔 끓여낸다.

Cooking Tip

* 버섯을 볶을 때 바닥에 들러붙으면 야채수를 조금씩 추가해도 좋다.
* 부침유 만들기는 174p를 참조한다.

능이버섯탕

재료

야채수 300ml, 건고추 1/2개,
무 20g, 당근 20g, 배추 20g,
양파 20g, 미나리 20g,
능이버섯 100g,
청양고추 1/2개, 홍고추 1/2개,
국간장 1작은술,
녹두당면 약간,
후춧가루 약간

1. 무, 당근, 배추는 1×5cm 크기로 납작하게 썰어준다.
2. 양파는 세로로 5mm 두께로 채 썰고, 미나리는 5cm 길이로 자른다.
3. 청양고추, 홍고추는 씨를 빼고 3mm 두께로 채 썬다.
4. 능이버섯은 1cm 두께로 길게 자른다.
5. 냄비에 야채수를 붓고 건고추, 무, 당근을 넣어 한소끔 끓인 후 불을 끄고 건고추는 건져낸다.
6. 5의 냄비 한쪽에 끓인 무, 당근을 가지런히 놓고 남은 채소들을 빙 둘러 담은 후 가운데에 녹두당면을 넣는다.
7. 국간장으로 간을 맞추고 한소끔 끓여서 먹는다.

Cooking Tip

* 능이버섯 100g은 냉동 또는 물에 불린 후의 무게다.
* 능이버섯은 물에 불려서 사용하는 것이 더 맛있고 향도 좋은데, 이때 불린 물은 버리지 말고 요리에 사용하도록 한다.
* 금방 불어서 바로 끓여 먹는 국물요리에 사용하기 좋은 녹두당면은 취향껏 추가한다.

토마토스튜

재료

토마토 750g, 강낭콩 50g,
물 300g, 감자 100g,
당근 100g, 양파 100g,
가지 100g, 표고버섯 3개,
올리브유 2큰술,
야채수 400ml,
소금 1/2작은술,
후춧가루 약간

1. 하룻밤 불린 강낭콩과 물을 냄비에 넣고 끓기 시작하면 약불로 줄여서 20분 정도 충분히 익혀준다.
2. 토마토는 뜨거운 물에 담갔다 껍질을 벗겨 2개는 깍뚝 썰고, 3개는 믹서에 간 후 한 번 끓여서 토마토홀을 만든다.
3. 감자, 당근, 양파, 가지, 표고버섯은 모두 1×1cm 크기로 깍뚝 썬다.
4. 팬에 올리브유를 두르고 감자, 당근을 넣어 볶다가 야채수를 넣고 뚜껑 덮어 약불에서 10분 끓인다.
5. 4에 양파, 가지, 표고버섯, 강낭콩, 토마토, 토마토홀을 넣고 소금간을 약하게 해 약불에서 20분 정도 뭉근하게 끓이고 후춧가루를 뿌려 마무리한다.

Cooking Tip

* 강낭콩 50g을 하룻밤 불려서 익히면 1컵 분량으로 늘어난다.
* 강낭콩을 불리고 삶는 것이 번거로우면 통조림 강낭콩 1컵을 준비해도 된다.
* 강낭콩 대신 병아리콩을 사용해도 괜찮다.
* 토마토를 껍질 벗기고 갈아서 한소끔 끓이면 토마토홀이 만들어진다.

PART 3
밥상이 푸짐해지는 반찬

매일 먹는 김치
참나물된장겉절이
깻잎된장겉절이
아삭이고추김치
취나물물김치
양배추김치

두고 먹는 장아찌
삼색장아찌
(토마토, 방풍나물, 궁채)
두부장아찌
오이간장장아찌

입맛 살리는 밑반찬
두부우엉조림
표고버섯무조림
무조림
삼색콩조림
양송이버섯조림
연근조림
말린도토리묵볶음
새송이버섯양념지짐

엄마 손맛 나물 반찬
취나물두부무침 & 깻잎두부무침
느타리미나리무침
느타리시금치들깨무침
방풍나물무침
머위나물무침
세발나물무침
쑥갓나물무침
생취나물무침
시래기나물지짐
깻잎찜
실파콩가루찜

비타민 듬뿍 채소 반찬
도라지오이생무침
오이잣소스무침
아삭이고추청국장무침
더덕잣소스무침
목이버섯냉채
알배추말이채소쌈
마무순샐러드
고구마브로콜리샐러드
연근샐러드
콩나물미나리찜
우엉잡채

고소한 전 & 튀김
시금치녹두전
무전
깻잎감자전
삼색전
(가지, 배추, 모듬버섯)
더덕찹쌀구이
마호박구이
표고버섯탕수
표고버섯강정
단호박튀김

참나물된장겉절이

재료
참나물 200g

양념장
야채수 50ml, 된장 2큰술,
매실청 1큰술, 식초 1큰술,
참깨 1큰술, 고춧가루 1/2큰술

1. 참나물은 손질해 씻고 물기를 뺀 후 5cm로 길이로 자른다.
2. 양념 재료를 섞어 양념장을 만든다.
3. 1과 2를 섞어 버무린다.

Cooking Tip
* 넓은 볼에 양념장을 만들면 바로 참나물을 넣고 버무릴 수 있어 편리하다.
* 참깨는 갈아서 사용해야 더 고소하다.
* 살짝 절인 열무 등 다른 잎채소를 사용해도 잘 어울린다.

깻잎된장겉절이

재료/

깻잎 100g,
노란 파프리카 20g,
빨간 파프리카 20g,
양파 60g

양념장/

야채수 50ml, 된장 2큰술,
매실청 1큰술, 식초 1큰술,
참깨 1큰술,
고춧가루 1/2큰술

1. 깻잎은 깨끗이 씻어서 물기를 뺀다.
2. 파프리카와 양파는 3×0.2cm 크기로 가늘게 채 썬다.
3. 양념 재료를 섞어 양념장을 만들고 2를 넣어 섞는다.
4. 깻잎을 2장씩 놓고 3을 조금씩 끼얹기를 반복한다.

아삭이고추김치

재료

아삭이고추 300g
(크고 연한 것 12개 정도),
무 130g, 배 130g, 당근 40g

양념장

고춧가루 2큰술, 소금 2작은술,
식초 2큰술

1. 양념 재료들을 섞어 양념장을 만든다.
2. 무, 배, 당근은 5×0.2cm 크기로 곱게 채 썬 다음 양념장을 넣고 버무려 재운다.
3. 아삭이고추는 길이로 한쪽만 칼집을 내고 씨를 발라낸 후 2의 양념소를 채워 넣는다.

Cooking Tip

* 양념장을 넣고 버무린 양념소는 숨이 죽은 후 아삭이고추 안에 넣는다.
* 양념소에 생기는 물도 버리지 말고 아삭이고추김치 위에 부어준다.
* 젓갈 없이 소금으로만 간을 한 김치는 상큼한 맛이 나며 오래 보관해도 군내가 나지 않는다.

취나물물김치

재료/
취나물 200g, 소금 2작은술,
조청 2큰술, 물 60ml,
생강 10g, 청양고추 1개,
홍고추 1개

쌀가루풀/
물 6컵, 소금 1큰술,
쌀가루 3큰술

양념장/
고운 고춧가루 3큰술,
물 200ml, 매실액 2큰술

1. 냄비에 물 5컵과 소금을 넣고 끓이다가 물 1컵에 쌀가루 섞은 것을 더 넣고 손거품기로 저으면서 끓인 후 불을 끄고 식힌다.
2. 취나물은 씻어서 물기를 뺀 후 비닐 팩에 담는다.
3. 소금, 조청, 물을 잘 섞은 것을 2의 비닐 팩에 부어준 후 묶어서 1시간 이상 절인다.
4. 청양고추, 홍고추는 반 갈라 씨를 뺀 후 어슷하게 썰고, 생강은 가늘게 채 썬다.
5. 1에 양념 재료들을 넣고 잘 섞어준 다음 3, 4를 넣고 버무려서 숙성시킨다.

Cooking Tip
* 김치에 넣는 쌀가루풀은 팔팔 잘 끓인 후 완전히 식혀서 사용한다.
* 비닐 팩을 이용하면 취나물이 쉽게 잘 절여진다.

양배추김치

재료

양배추 600g, 소금 30g,
물 4큰술, 빨강 파프리카 2개,
비트 60g, 보리밥 60g,
야채수 400ml, 소금 2작은술,
매실액 100ml

1. 양배추는 씻어서 3×2cm 크기로 잘라 비닐팩에 넣고 소금, 물을 넣어 30분 절인 후 모두 김치통에 담는다.
2. 빨강 파프리카는 씻어서 씨 부분을 제거하고 3×1cm 크기로 작게 썬다.
3. 비트는 씻어서 껍질을 벗긴 후 3×1cm 크기로 작게 썬다.
4. 믹서에 보리밥, 야채수, 소금을 넣고 갈아준 다음 매실액을 합한다.
5. 1의 김치통에 2, 3, 4를 넣고 섞어준 후 뚜껑을 닫고 실온에서 하루 익힌 다음 냉장고에 보관하여 시원하게 먹는다.

삼색 장아찌 (토마토 & 방풍나물 & 궁채)

토마토장아찌

재료 /
덜 익은 초록색 토마토 2kg

소스 /
야채수 200ml, 간장 200ml,
식초 2큰술, 설탕 2큰술,
매실청 100ml

1. 소스 재료를 모두 냄비에 담고 팔팔 끓인 후 식힌다.
2. 토마토는 꼭지를 따고 씻어서 물기를 빼고 적당한 크기로 잘라서 비닐 팩에 담은 후 1의 소스를 완전히 잠기도록 붓고 밀폐 용기에 넣는다.
3. 하루 실온에 두었다가 냉장고에 넣고 3일 후 먹는다.

Cooking Tip

*3~4일 후 먹을 거면 토마토를 자르고, 오래 두고 먹을 거면 자르지 말고 젓가락을 두어 군데 찌른 후 통째로 장아찌를 담근다. 토마토를 더 얇게 자르면 하루만에도 먹을 수 있다.
*토마토는 간이 잘 안 배기 때문에 비닐 팩에 넣고 소스를 부어 여분 공간 거의 없이 꼭 묶은 다음 밀폐 용기에 넣어 보관하면 간이 더 잘 밴다.

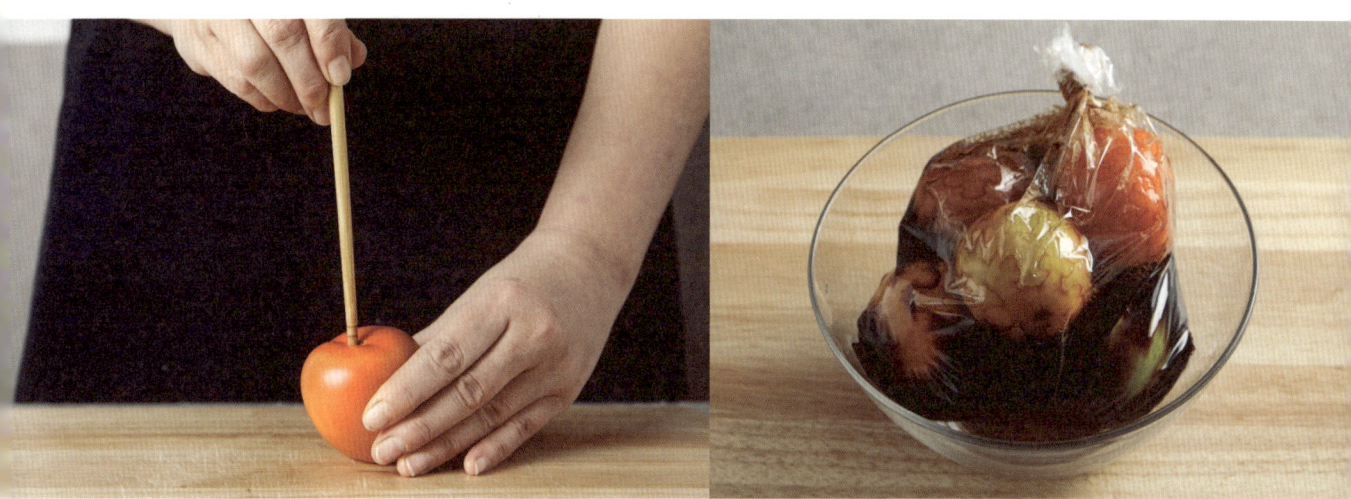

방풍나물장아찌

재료
방풍나물 300g, 생강 20g

소스
야채수 200ml, 간장 200ml,
식초 2큰술, 설탕 2큰술,
매실청 100ml

1. 소스 재료를 모두 냄비에 담고 팔팔 끓인 후 식힌다.
2. 방풍나물은 억센 줄기를 제거하고 씻은 후 물기를 제거한다.
3. 생강은 씻고 껍질을 벗긴 후 3mm 두께로 자른다.
4. 밀폐 용기에 2, 3을 담은 후 1의 소스를 완전히 잠기도록 부어준다.
5. 하루 실온에 두었다가 냉장고에 넣고 1주일 후 먹는다.

Cooking Tip
＊다 먹은 후 장아찌 소스를 다시 한 번 끓이면 재활용 가능하다.

궁채 장아찌

재료 /
말린 궁채 50g, 물 1L,
소금 1작은술

소스 /
야채수 200ml, 간장 200ml,
식초 2큰술, 설탕 2큰술,
매실청 100ml

1. 소스 재료를 모두 냄비에 담고 팔팔 끓인 후 식힌다.
2. 말린 궁채는 4시간 정도 물에 불린 후 깨끗이 씻는다.
3. 소금 넣고 끓인 물에 2를 넣고 데친 후 적당한 길이로 자른다.
4. 밀폐 용기에 3을 담은 후 1의 소스를 완전히 잠기도록 부어준다.
5. 하루 실온에 두었다가 냉장고에 넣고 1주일 후 먹는다.

Cooking Tip

∗ 말린 궁채 50g을 물에 불리면 250g 정도, 즉 5배 정도의 양이 된다.

두부장아찌

재료 /
두부 4모, 소금 2작은술,
부침유 약간

소스 /
야채수 200ml, 간장 200ml,
식초 2큰술, 설탕 2큰술,
매실청 100ml

1. 소스 재료를 모두 냄비에 담고 팔팔 끓인 후 식힌다.
2. 두부는 길게 4등분해서 소금을 뿌리고 잠시 두어 수분을 뺀 후 키친타올로 물기를 제거한다.
3. 팬에 부침유를 두르고 키친타올로 살짝 닦아낸 후 두부를 올려 사방 노릇하게 굽고 키친타올 위에 올려 기름을 제거한다.
4. 밀폐 용기에 3을 담은 후 1의 소스를 완전히 잠기도록 부어준다.
5. 하루 실온에 두었다가 냉장고에 넣고 3일 후 먹는다.

Cooking Tip

＊부침유 만들기는 174p를 참조한다.

오이간장장아찌

재료 /

오이 10개, 생강 60g

소스 /

간장 300ml, 식초 100ml,
설탕 100g, 조청 4큰술,
물 800ml

1. 소스 재료를 모두 냄비에 담고 팔팔 끓인 후 식힌다.
2. 오이는 굵은소금으로 문지른 뒤 물에 씻어서 5cm 길이로 자르고 다시 길게 4등분한다.
3. 생강은 0.3cm 두께로 슬라이스 한다.
4. 밀폐 용기에 2, 3을 담은 후 1의 소스를 완전히 잠기도록 부어준다.
5. 하루 실온에 두었다가 소스만 따라내 팔팔 끓인 후 식혀서 다시 부어주고 먹는다.

Cooking Tip

*소스에 설탕만 넣는 것보다 조청을 넣으면 코팅 효과가 있고 물이 덜 생겨 좀 더 꼬들꼬들한 식감을 즐길 수 있다.
*다음날 소스만 따라내 끓여준 후 다시 부어줘야 물이 생겨 싱거워지지 않는다.
*오이간장장아찌는 그대로 먹어도 되지만 송송 썰어서 참기름, 깨소금, 고추다짐 등 양념을 넣고 무쳐 먹으면 더 맛있다.

잠깐 정리! 장아찌 만들기 기본 공식

장아찌 소스

이 세상 모든 재료를 다 맛있는 장아찌로 만들 수 있는 비법의 장아찌 소스입니다.
짜고 달고 신맛이 자극적인 시중의 장아찌 소스보다 연한 맛이 특징이에요.

재료 /
야채수 200ml, 간장 200ml,
식초 2큰술, 설탕 2큰술,
매실청 100ml

1. 준비한 재료를 모두 냄비에 넣고 팔팔 끓인다.
2. 팔팔 끓으면 불을 끄고 한김 식혀서 사용한다.

Cooking Tip
* 끓기 시작하면 옆에서 지켜보면서 끓어 넘치지 않도록 주의해야 한다.
* 장아찌를 담글 때는 반드시 재료가 소스에 잠기도록 해야 한다.
  소스 위로 나오는 재료에는 흰 골마지가 생기기 쉽다.

두부우엉조림

재료
두부 150g, 우엉 30g,
청양고추 1/2개, 홍고추 1/2개,
소금 약간, 부침유 약간

조림장
야채수 200ml, 간장 2큰술,
조청 3큰술

1. 두부는 5×3×0.8cm 정도 크기로 길게 8등분하여 소금을 솔솔 뿌린 후 팬에 부침유를 두르고 노릇하게 구워준다.
2. 우엉은 깨끗이 씻어 물기를 제거하고 돌려가며 5mm 간격으로 세로 칼집을 넣은 후 한쪽을 사선으로 들고 칼로 연필 깎듯이 어슷하게 썰어준다.
3. 청양고추, 홍고추는 반 갈라 씨를 빼고 어슷하게 채 썬다.
4. 조림 재료를 섞어서 조림장을 만든다.
5. 팬에 조림장과 우엉을 넣어 조리다가 반쯤 조려지면 두부를 넣고 조리고, 거의 조려지면 고추를 넣어 살짝 조려낸다.

Cooking Tip
* 우엉을 돌려가며 세로로 칼집을 넣은 후 어슷하게 썰면 가늘게 채 썰기가 가능하다.
* 부침유 만들기는 174p를 참조한다.

표고버섯무조림

재료

무 300g, 표고버섯 5개,
들기름 1큰술,
굵게 다진 생강 1/2큰술,
야채수 200ml, 참깨 1큰술

조림장

간장 2큰술, 조청 3큰술

1. 무는 3×3cm 크기로 깍뚝썰기한 다음 모서리를 둥글게 돌려 깎는다.
2. 팬에 들기름을 두르고 생강을 넣어 볶다가 무를 넣고 뒤적인 후 야채수를 넣고 익힌다.
3. 표고버섯은 밑동을 떼고 4등분한다.
4. 조림 재료를 섞어 조림장을 만든다.
5. 2가 2/3 정도 익으면 표고버섯과 조림장을 넣고 약불에서 국물이 자작하게 조린 후 그릇에 담고 참깨를 뿌린다.

Cooking Tip

* 무를 돌려 깎은 자투리는 버리지 말고 야채수를 만들 때 활용하면 좋다.
* 무 대신 감자 300g을 사용해 표고버섯감자조림을 만들어도 맛있다. 감자를 사용할 때는 깍뚝썰기한 다음 찬물에 담가 전분기를 빼주는 것이 좋다.
* 생표고버섯 대신 건표고버섯을 물에 불린 후 물기를 적당히 짜내고 사용해도 된다.
* 표고버섯을 4등분할 때는 칼날을 눕혀서 어슷하게 썰어야 모양과 색이 예쁘다.
* 입맛에 따라 조림장이 싱거우면 소금을 약간 넣어 간을 맞춘다.

무조림

재료/
무 300g, 야채수 300ml,
통깨 1작은술

양념장/
고춧가루 1/2큰술,
간장 1½큰술, 조청 1큰술,
포도씨오일 1작은술

1. 무는 2등분한 반달 모양 혹은 4등분한 골패 모양으로 자른 후 1cm 두께로 썰어준다.
2. 냄비에 1과 야채수를 넣고 중약불에서 30분 정도 무가 익을 때까지 익힌다.
3. 양념 재료들을 섞어 양념장을 만든다.
4. 2의 무가 익으면 양념장을 넣고 약불에서 20분 더 익혀 푹 무르게 한 후 불을 끄고 통깨를 뿌린다.

삼색콩조림

재료/

삼색콩(검은콩, 강낭콩, 대두)
150g, 야채수 300ml,
조청 3큰술, 간장 1큰술,
통깨 약간, 참기름 몇 방울

1. 콩은 물을 붓고 3시간 이상 충분히 불린다.
2. 냄비에 불린 콩을 넣고 야채수를 부은 뒤 약불에서 30분 삶는다.
3. 2에 간장, 조청을 넣고 중불에서 15~20분 정도 삶은 뒤 불을 끄고 통깨, 참기름을 넣어 뒤적인다.

양송이버섯조림

재료/

양송이버섯 400g, 양파 20g,
파프리카 20g, 청피망 30g,
야채수 100ml, 통깨 1/2작은술

양념장/

고추장 3큰술, 조청 1큰술,
간장 1작은술

1. 양송이버섯은 2등분하고 양파, 파프리카, 청피망은 버섯보다 조금 작은 크기로 썰어준다.
2. 팬에 양송이버섯, 야채수, 양념장 재료를 넣고 자작자작하게 조린다.
3. 2의 국물이 거의 없어지면 남은 채소들을 넣고 버무린 뒤 불 끄고 통깨를 뿌린다.

Cooking Tip

* 버섯은 조리면 크기가 줄어들기 때문에 다른 채소들보다 크게 썰어야 한다.
* 떡볶이맛이 나기 때문에 간식으로도 적당하다.

연근조림

재료 /
연근 200g, 식초 1큰술,
물 400ml

조림장
야채수 200ml, 간장 2큰술,
조청 3큰술, 소금 약간

1. 연근은 씻어서 껍질을 벗긴다.
2. 연근을 0.4cm 두께로 썰어 끓는 물에 식초 넣고 살짝 데친다.
3. 냄비에 조림장 재료와 연근을 넣고 약불에서 40분 정도 조린다.
4. 3의 뚜껑을 열고 마지막으로 센불에서 뒤적이며 윤기가 나게 마무리한다.

Cooking Tip

* 연근이 아삭한 것을 좋아한다면 마지막에 윤기가 나기 시작할 때 불을 꺼야 한다.
연근이 쫄깃한 것을 좋아한다면 마지막에 국물 없이 바싹 졸이면 된다.

말린도토리묵볶음

재료

말린 도토리묵 100g,
물 600ml, 꽈리고추 10개,
들기름 2큰술, 간장 2큰술,
조청 1큰술, 참깨 1작은술

1. 말린 도토리묵은 물에 담갔다가 끓는 물에 넣고 묵이 부드러워질 때까지 중불에서 20분 정도 삶은 후, 불을 끄고 물 속에 그대로 둔 채 식힌 다음 건져서 물기를 뺀다.
2. 꽈리고추는 씻어 꼭지를 떼고 묵 크기로 썬다.
3. 달군 팬에 들기름을 두르고 1을 넣고 볶다가 간장, 조청을 넣고 더 볶은 후 꽈리고추를 넣는다.
4. 3의 국물이 졸아들면 불을 끄고 참깨를 뿌린다.

Cooking Tip

* 말린 도토리묵을 끓이기 전에 미리 물에 담가 놓으면 더 쉽게 부드러워진다.
* 끓는 물은 도토리묵이 잠길 정도의 양이 되어야 한다.
* 삶은 도토리묵을 끓인 물 안에 두고 그대로 식히면 속까지 부드럽게 익는다.

새송이버섯양념지짐

재료/
새송이버섯 250g(4개 정도),
청양고추 1개

양념장/
간장 1큰술, 들기름 1큰술,
물 1큰술, 조청 1/2큰술,
매실청 1/2큰술

1. 새송이버섯은 길이로 2등분 후 바깥 부분 쪽에 머리부터 끝까지 사선으로 칼집을 낸다.
2. 양념 재료들을 섞어 양념장을 만든다.
3. 청양고추는 잘게 다져 양념장에 섞은 뒤 버섯에 바르고 20분 정도 재운다.
4. 달군 팬에 버섯의 칼집 낸 쪽이 바닥에 닿게 올리고 노릇해지면 뒤집어가며 지진다.

Cooking Tip
＊버섯 양쪽에 나무젓가락을 놓고 칼집을 내면 버섯이 잘리는 실수를 방지할 수 있다.

취나물두부무침 & 깻잎두부무침

취나물두부무침

재료 /
취나물 80g, 두부 1/2모

데침물 /
물 1L, 소금 1작은술

양념장 /
된장 1큰술, 참기름 1큰술,
참깨 2작은술

1. 취나물은 소금 넣고 끓인 물에 살짝 데친 후 찬물에 헹궈서 물기를 짜고 3cm 길이로 자른다.
2. 두부는 키친타올로 감싸 물기를 뺀 다음 칼 옆면으로 눌러 으깬다.
3. 양념 재료를 섞어 만든 양념장에 1, 2를 넣고 무친다.

깻잎두부무침

재료 /
깻잎 50g(큰 것 20장),
두부 1/2모

양념장 /
된장 1큰술, 참기름 1큰술,
참깨 2작은술

1. 깻잎은 길이로 이등분한 후 1cm 폭으로 잘라 서로 뭉치지 않게 잘 섞는다.
2. 두부는 키친타올로 감싸 물기를 뺀 다음 칼 옆면으로 눌러 으깬다.
3. 양념 재료를 섞어 만든 양념장에 1, 2를 넣고 무친다.

Cooking Tip

* 집집마다 사용하는 된장의 간이 다르므로 양념장을 만들 때 된장 1큰술을 넣고 간을 본 후 입맛에 따라 된장을 추가해도 좋다.

느타리미나리무침

재료
미나리 150g, 식초 2큰술,
느타리버섯 100g,
청고추 1/2개, 홍고추 1/2개,
깨 약간

데침물
물 1L, 소금 1작은술

양념장
참기름 1큰술, 참깨 1큰술,
간장 1½큰술

1. 물에 식초를 넣고 미나리를 10분 정도 담가 혹시 있을지 모를 거머리를 제거한 후 맑은 물에 2~3번 헹구고 5cm 길이로 자른다.
2. 고추는 씨를 빼고 5cm 길이로 채 썬다.
3. 양념들을 섞어 양념장을 만든다.
4. 느타리버섯은 찢어서 끓는 물에 소금 넣고 살짝 데친 후 양념장에 무친다.
5. 4에 미나리와 고추를 넣고 가볍게 버무린 후 위에 깨를 솔솔 뿌린다.

Cooking Tip
*느타리버섯을 먼저 무친 후 나중에 미나리를 넣고 살살 버무려야 식감이 좋다.

느타리시금치들깨무침

재료
시금치 200g,
느타리버섯 100g, 홍고추 1개

데침물
물 1L, 소금 1작은술

양념장
간장 1큰술, 들기름 1큰술,
들깻가루 1½큰술,
매실청 1/2큰술

1. 느타리버섯은 찢어서 끓는 물에 소금 넣고 살짝 데친다.
2. 시금치도 깨끗이 씻어 1의 끓는 물에 데친 후 냉수에 헹궈 물기를 꼭 짠다.
3. 홍고추는 반 갈라 씨를 빼고 채 썬다.
4. 양념을 섞어 양념장을 만든다.
5. 양념장에 1, 2를 넣고 버무린 후 3을 넣고 섞어준다.

방풍나물무침

재료
방풍나물 200g

데침물
물 1L, 소금 1작은술

양념장
된장 2큰술, 참기름 1큰술,
고춧가루 1큰술,
간장 1작은술, 참깨 1큰술

1. 방풍나물은 굵고 억센 줄기를 잘라내고 손질하여 씻은 후 소금 넣고 끓인 물에 데쳐 찬물에 헹구고 체에 건진다.
2. 1을 키친타올에 돌돌 말아 물기를 제거한다.
3. 양념들을 섞어 양념장을 만든다.
4. 양념장에 2를 넣고 조물조물 무친다.

머위나물무침

재료 /
머위나물 200g

데침물 /
물 1L, 소금 1작은술

양념장 /
된장 1큰술, 매실청 1큰술,
들기름 1큰술, 간장 1작은술,
참깨 1작은술

1. 머위나물은 줄기 껍질의 심을 제거하고 씻은 후 줄기와 잎을 분리해서 잘라준다.
2. 소금 넣고 끓인 물에 1을 줄기부터 넣어 살짝 데친 후 찬물에 헹군다.
3. 2의 물기를 가볍게 짠 후 도마에 가지런히 정리하고 5cm 길이로 썬다.
4. 양념들을 섞어 양념장을 만든다.
5. 양념장에 3을 넣고 조물조물 무친다.

Cooking Tip
＊양념에 매실청을 넣으면 머위나물의 약간 떫고 아린 맛도 사라지고 코팅 효과도 있어 물이 안 생긴다.
＊집에서 바로 만들어 먹을 때는 데친 머위나물의 물기를 가볍게 짜야 제맛을 즐길 수 있다. 하지만 대량 조리를 할 때는 물기를 꼭 짜야 물이 생기지 않는다.

세발나물무침

재료 /
세발나물 200g, 참깨 1작은술

데침물 /
물 1L, 소금 1작은술

초고추장 /
고추장 1큰술, 식초 1큰술, 조청 1큰술

1. 세발나물은 씻어서 소금 넣고 끓인 물에 데친 후 찬물에 헹구고 물기를 꼭 짠다.
2. 1을 살살 풀어서 3cm 길이로 썰어준다.
3. 양념들을 섞어서 초고추장을 만든다.
4. 초고추장에 1을 넣어 버무리고 참깨를 뿌린다.

Cooking Tip

＊만약 조청이 굳은 상태라면 뜨거운 물에 중탕으로 올려놓거나 전자레인지에 10초 정도 살짝 돌려 부드럽게 녹여서 사용한다.
＊초고추장으로 양념하는 나물은 물기를 꼭 짜야 한다.

쑥갓나물무침

재료 /
쑥갓 300g, 볶은 콩가루 2큰술

데침물 /
물 1L, 소금 1작은술

양념장 /
간장 1큰술, 참깨 1큰술,
참기름 1작은술,
다진 청양고추 1큰술,
다진 홍고추 1큰술

1. 쑥갓은 굵은 줄기 부분을 잘라내고 깨끗이 씻은 후 5cm 길이로 자른다.
2. 소금 넣고 끓인 물에 1을 넣고 데친 후 찬물에 헹구고 물기를 꼭 짠다.
3. 양념들을 섞어서 양념장을 만든다.
4. 양념장에 2를 넣고 조물조물 무치다가 볶은 콩가루를 넣어 버무린다.

생취나물무침

재료 /
취나물 200g

데침물 /
물 1L, 소금 1작은술

양념장 /
된장 2큰술, 들기름 1큰술,
참깨 2작은술, 소금 약간

1. 취나물은 손질하여 씻은 후 소금 넣고 끓인 물에 데쳐 찬물에 헹구고 물기를 짠다.
2. 양념들을 섞어서 양념장을 만든다.
3. 양념장에 1을 넣고 조물조물 무친다.

시래기나물지짐

재료

삶은 시래기 200g,
국간장 1½큰술, 들기름 2큰술,
거피들깻가루 2큰술,
야채수 200ml, 참깨 1큰술

1. 삶은 시래기는 한 번 더 삶아서 깨끗이 세척한 후 껍질을 벗기고 도마에 가지런히 올려 4cm 길이로 자른다.
2. 1에 국간장을 넣고 조물조물 무쳐 간이 배게 한다.
3. 냄비에 들기름을 두르고 2를 넣어 볶다가 들깻가루를 섞은 야채수를 넣은 후 뚜껑을 닫고 약불에서 지진다.
4. 시래기가 푹 무르고 간이 배면 불을 끄고 한 김 식힌 후 참깨를 넣고 섞는다.

Cooking Tip
* 시래기가 억세면 약불에서 10~20분 정도 지지고, 무르면 센불에서 잠깐만 지진다.
* 시래기가 물러진 정도에 따라 야채수의 양을 가감해서 푹 무르게 익힌다.

깻잎찜

재료
깻잎 200g(큰 것 80장)

양념장
야채수 140ml,
국간장 2큰술, 들기름 1큰술,
고춧가루 1작은술, 깐 밤 4개,
청양고추 1개, 홍고추 1개

1. 밤과 청양고추, 홍고추는 곱게 채 썬다.
2. 양념 재료를 모두 섞어 양념장을 만든다.
3. 깻잎은 씻어서 물기를 털어 제거한다.
4. 깻잎 2~3장마다 켜켜이 양념장을 바른다.
5. 냄비에 4를 겹치지 않게 둘러 담고 중불에서 5분 찐다.

Cooking Tip

＊집집마다 불 세기 정도가 다르므로 5분 후 확인하고 바닥에 물이 조금 남아 있는 상태에서 불을 끄면 된다.

실파콩가루찜

재료/
실파 200g, 날콩가루 4큰술,
쌀가루 2큰술, 소금 1/2큰술,
참기름 1/2작은술,
참깨 1/2작은술

1. 실파는 깨끗이 씻어 물기를 털고 5cm 길이로 썬다.
2. 콩가루, 쌀가루, 소금 섞은 것을 1에 넣고 버무린다.
3. 찜기에 2를 올린다.
4. 찜기에 김이 오르면 불을 끄고 넓은 그릇에 꺼내서 펼쳐 한 김 식힌 후 참기름, 참깨를 뿌려 섞어서 그릇에 담는다.

잠깐 정리!

사찰밥상에 자주 오르는

푸릇푸릇 나물 사전

곤드레

국화과에 속하는 여러해살이 풀. 한국에서만 자라는 고유 식물이며
'고려엉컹퀴'라는 생물학적 명칭답게 꽃이 엉겅퀴처럼 생겼다.
봄부터 어린 순을 채취해서 나물로 먹는데 구수한 맛과 독특한 향이 특징이다.
제철인 5~6월이 되면 잎과 줄기가 더욱 맛있고 향도 진해진다.
7월에 꽃이 피기 전에 채취하여 건나물로 말리면 사철 이용할 수 있다.
이뇨, 해독, 소염, 지혈 작용에 도움을 주는 건강식품으로 알려져 있다.

냉이

십자화과에 속하는 두해살이 풀. 단백질, 비타민 A, 비타민 B_1, 비타민 C,
칼슘, 칼륨, 인, 철분 등 영양성분을 다양하게 함유하고 있어 건강에 좋다.
특히 베타카로틴 성분이 풍부해 암 발생을 억제하고, 간 기능을 개선하고,
눈을 맑게 해준다. 겨울을 이기고 이른 봄에 나오는 연한 냉이가 제일 맛이
좋으며, 봄이 지나면 향이 날아가 맛이 없어진다. 냉이는 먹을 만큼만 사서
그대로 냉장 보관하다가 먹기 직전에 잘 씻어서 사용하는 것이 좋다.

머위나물

국화과에 속하는 여러해살이 풀. 3~4월부터 먹는데 어린 잎이
부드럽고 쓴맛이 적어 더 맛있다. 비타민 A, 비타민 C, 철분, 칼슘,
식이섬유 등이 풍부하고 항산화 효과가 있는 폴리페놀 성분이
풍부해 쌉싸름한 맛으로 입맛을 돋운다. 머위에는 페타시테닌,
후키토녹신 등 미량의 독성 물질이 있기 때문에 데쳐서 사용하는
것이 좋다. 이들 독성 물질은 수용성이고 열에 약해서 끓는 물에
넣고 3분만 데치면 모두 제거된다.

미나리

미나리과에 속하는 여러해살이 풀. 냇가나 습지 등에서 잘 자라는데 줄기가 아삭하고 연하며, 시원하고 향긋한 풍미가 있고, 비타민과 무기질이 풍부해 혈액순환, 지혈, 숙취 해소, 피로 해소, 해독, 간 건강, 눈 건강에 도움을 준다. 또 케르세틴, 캠프페롤 등의 성분이 항암 효과를 내는 것으로 알려졌다. 단 거머리나 기생충의 위험이 있으므로 식초를 탄 물에 담갔다가 줄기 끝부분을 1cm 이상 잘라내고 흐르는 물에 다시 깨끗이 씻어서 사용하는 것이 좋다.

방풍나물

미나리과에 속하는 여러해살이 풀. 풍을 예방한다고 하여 방풍나물이라고 부르지만 생물학적 명칭은 '갯기름나물'이다. 3~4월에 나는 어린 순이 부들부들한 식감과 향긋한 맛이 좋으며, 뿌리는 한방 약재로 사용한다. 진통 효과, 자양강장 효과, 풍 치료 효과, 비염이나 천식 등 호흡기질환에 효과가 있으며, 암 치료에도 약효를 보인다는 연구 결과가 있어 신약 개발의 재료로 주목받고 있다. 미량의 독성이 있어 반드시 데쳐서 사용하는 것이 좋다.

세발나물

석죽과에 속하는 한해살이 풀. 생물학적 명칭은 '갯개미자리'. 전국 해안지방에 분포하는데 잎이 가늘게 뻗어나간다고 하여 세발나물, 바닷가에서 자란다고 하여 갯나물이라고도 부른다. 염분기가 있는 땅에서 자라 짭잘한 맛과 오돌오돌 씹히는 식감이 겨울부터 봄까지 입맛을 돋운다. 세발나물 자체에 약간 짠맛이 있으므로 간을 싱겁게 해서 먹는 것이 좋다. 각종 비타민, 무기질 성분이 풍부한데 특히 시금치보다 칼슘이 20배나 많다.

시금치

명아주과에 속하는 한해살이 또는 두해살이 풀. 잎이 날렵한 겨울 시금치는 동양종이고, 잎이 두꺼운 여름 시금치는 서양종이다. 요리 용도에 따라 무침용은 길이가 짧고 뿌리가 붉은색을 띠는 것이 좋고, 국물 요리에 넣는 것은 줄기가 길고 연하고 잎이 넓은 것이 좋다. 주로 익혀서 먹지만 어린 잎은 생으로 샐러드에 넣어 먹을 수도 있다. 비타민과 무기질이 풍부하며, 특히 비타민 B_9(엽산)가 철분의 체내 흡수를 도와 빈혈과 치매 예방에 효과적이다.

쑥갓

국화과에 속하는 한해살이 또는 두해살이 풀. 쑥갓 특유의 연한 쑥향이 익숙하지 않은 유럽에서는 관상용으로만 꽃을 즐기는 반면 한국, 중국, 일본 등지에서는 식용 채소로 널리 사용한다. 특히 비타민 A 함량이 높아 항산화와 눈 건강에 도움을 주며, 그 외 다른 풍부한 비타민과 무기질이 염증을 유발하는 히스타민의 과다 분비를 막아 알레르기 반응을 억제하고 면역을 강화하는 데 도움을 준다.

아욱

아욱과에 속하는 한해살이 풀. '가을 아욱국은 사립문 닫고 먹는다'는 우리나라 속담이 있는 아욱은 중국에서도 '채소의 왕'이라 불릴 정도로 맛과 영양이 뛰어나다. 단백질, 칼슘의 함량이 시금치보다 2배 이상 높아 뼈 건강과 신장 기능에 도움을 준다. 또 비타민 A는 아욱 100g을 먹을 경우 하루 섭취 권장량의 160%가 충족된다. 억센 줄기 제거 후 연한 줄기는 얇은 껍질을 벗기고 잎은 소금 약간 넣은 물에 담가 치댄 후 헹궈서 풋내를 제거하고 사용한다.

취나물

국화과에 속하는 식물 중 참취, 곰취, 개미취, 미역취, 단풍취, 수리취 등 '취'자가 붙는 산나물 60여 종의 총칭. 특유의 쌉싸름하고 향긋한 풍미가 있어 식욕을 돋운다. 대부분 3~5월이 제철이라 이 시기에는 채취한 생 취나물을 맛볼 수 있고, 그 외 시기에는 건취나물을 사용한다. 각종 비타민과 무기질이 풍부한데, 특히 비타민 A는 동량의 배추보다 10배나 함량이 높다. 체내 노폐물 배출과 항산화 작용을 통해 암 예방 효과가 있는 것으로 알려졌다.

도라지오이생무침

재료 /
도라지 80g,
소금 1작은술, 물 1큰술,
오이 80g(1/2~1/3개 정도)

양념장 /
레몬즙 1큰술,
고춧가루 1큰술, 꿀 2작은술,
매실청 1작은술, 간장 1작은술,
통깨 1작은술

1. 도라지는 나무젓가락 굵기로 갈라서 5cm 길이로 자른 뒤 소금 넣은 물을 붓고 20분 절인 후 짜준다.
2. 오이는 반 가른 후 어슷 썰어 1의 도라지 절인 물에 넣고 버무렸다가 두 손으로 꾹 눌러서 물기를 짠다.
3. 양념 재료를 섞어 양념장을 만든다.
4. 양념장에 1, 2를 넣고 버무려낸다.

Cooking Tip
*오이가 클 경우 씨를 빼고 사용한다.

오이잣소스무침

재료
오이 1개(200~250g),
굵은소금 1작은술

소스
잣 50g, 레몬즙 2큰술,
꿀 2큰술, 올리브유 1큰술,
소금 1/2작은술, 다진 양파 5g

1. 오이는 굵은소금으로 문지른 뒤 물에 씻어서 0.3cm 두께로 둥글게 송송 썬다.
2. 분쇄기에 먼저 잣을 넣고 곱게 간 후 나머지 재료를 넣고 다시 갈아 만든 소스를 1에 넣고 버무린다.

Cooking Tip

＊오이를 굵은소금으로 문지르기 어려우면 굵은소금을 뿌린 쟁반 위에서 오이를 굴려줘도 된다.
＊오이를 굵은소금으로 문질러 씻으면 오이 돌기도 제거되고 색깔도 선명해지며 오이가 부드러워져 맛이 잘 스며든다.

아삭이고추청국장무침

재료/

아삭이고추 100g

양념장/

청국장 2큰술,
간장 1작은술,
참기름 1작은술,
깻가루 1작은술,
고춧가루 1작은술,
조청 1작은술

1. 청국장을 도마에 놓고 칼로 으깬 후 다져준다.
2. 양념들을 섞어 양념장을 만든다.
3. 아삭이고추는 1cm 크기로 썰어서 양념장을 넣고 살살 버무린다.

더덕잣소스무침

재료/
더덕 120g(2~3뿌리 정도)

양념장/
잣 2큰술, 배 갈은 것 2큰술,
참기름 1큰술, 소금 1작은술

1. 더덕은 방망이로 두들겨서 편 후 보슬보슬하게 찢는다.
2. 잣은 곱게 다진다.
3. 배는 믹서나 강판에 갈아 준비한다.
4. 키친타올 사이에 잣을 넣고 방망이로 으깬 후 칼로 다진다.
5. 배 갈은 것, 다진 잣, 참기름, 소금을 섞어 만든 양념장에 1을 넣고 무친다.

Cooking Tip
＊배 갈은 것 대신 배즙을 사용하면 안 된다.
＊잣을 키친타올 사이에 넣고 으깬 후 다지면 잣이 튀지 않는다.

목이버섯냉채

재료

건목이버섯 30g,
양배추 30g, 오이 30g,
노랑 파프리카 30g,
빨강 파프리카 30g

겨자소스

연겨자 2작은술,
배 갈은 것 1컵, 식초 2큰술,
조청 2큰술, 소금 2작은술,
다진 호두살 2큰술

1. 건목이버섯은 1시간 정도 불려서 물기를 뺀 후 팬에 부침유를 두르고 소금을 살짝 뿌려 볶아낸다.
2. 양배추, 오이, 파프리카는 얇게 채 썬다.
3. 소스 재료를 모두 넣어 겨자소스를 만든다.
4. 그릇에 1, 2를 가지런히 담고 소스를 뿌려 버무린다. 이때 먼저 목이버섯에 소스를 뿌려 버무린 후 나머지 채소와 버무리는 것이 좋다.

Cooking Tip

* 목이버섯 30g을 불리면 300g 이상, 즉 10배 조금 넘는 양이 되므로 취향에 따라 양을 가감하도록 한다.
* 해파리 대신 목이버섯을 사용한 양장피 느낌의 요리라고 생각하면 된다.
* 매콤한 맛을 좋아하면 파프리카 대신 청양고추, 홍고추를 사용해도 좋다.
* 채소에 당근을 넣고 싶을 경우 당근을 채 썰어 살짝 볶아서 사용한다.
* 조청이 잘 녹지 않을 경우 전자레인지에 살짝 돌려서 사용하면 편리하다. 이때 식초는 소스 재료 중 맨 나중에 넣어서 섞어준다.

알배추말이채소쌈

재료

두부 1/2모,
오일 1큰술, 느타리버섯 50g,
알배추잎 8장, 소금 1큰술,
물 1L, 깻잎 4장,
세발나물 30g, 적양배추 30g,
오이 30g, 파프리카 30g

오리엔탈 소스

올리브유 2큰술, 간장 2큰술,
식초 2큰술, 조청 1큰술,
꿀 1/2큰술, 레몬즙 1/2큰술,
후춧가루 약간

1. 두부는 길게 8조각으로 썰어 소금을 약간 뿌리고 20분 두었다가 물기를 닦는다.
2. 팬에 오일을 두르고 1을 올려 약불에 굽는다.
3. 두부를 꺼낸 팬에 느타리버섯을 넣고 소금을 솔솔 뿌리며 볶는다.
4. 냄비에 물과 소금을 넣고 끓으면 불을 끄고 알배추잎을 한 장씩 담가 10분 후 줄기가 부드러워지면 찬물에 헹구고 물기를 닦는다.
5. 깻잎은 씻어서 세로로 반을 자르고, 세발나물은 씻어서 물기를 제거한다.
6. 적양배추, 오이, 파프리카는 깨끗이 씻어 채 썬다.
7. 알배추잎 위에 깻잎을 깔고 두부, 세발나물, 적양배추, 오이, 파프리카를 올리고 말아서 반으로 잘라 접시에 놓는다.

Cooking Tip

* 세발나물 대신 채 썬 양상추, 어린잎채소, 솔부추 등을 사용해도 좋다.

마무순샐러드

재료 /
참마 100g, 무순 20g

소스 /
검정깨 3큰술, 매실청 1큰술,
레몬즙 1큰술, 꿀 1작은술,
간장 1작은술

1. 무순은 씻은 후 체에 건져서 물기를 뺀다.
2. 마는 씻어서 껍질을 벗기고 슬라이스한 후 4cm 길이로 가늘게 채 썬다.
3. 믹서에 소스 재료를 모두 넣고 갈아서 샐러드 소스를 만든다.
4. 볼에 1, 2, 3을 넣고 가볍게 뒤적여 섞은 후 그릇에 담는다.

Cooking Tip

＊그릇에 1, 2를 가지런히 놓고 한쪽에 소스를 뿌려 먹기 직전에 섞어 먹어도 좋다.

고구마브로콜리 샐러드

재료

고구마 400g, 물 800ml,
굵은 소금 2작은술,
브로콜리 50g,
그릭요거트 160g,
건포도 약간

1. 소금 넣은 물에 고구마를 깨끗이 씻어 껍질째 넣고 20분 정도 삶은 후 건져서 깍뚝 썬다.
2. 브로콜리는 송이를 살려 작게 자른 뒤 식초 섞은 물에 거꾸로 담그고 윗부분을 누른 채 잠시 두어 이물질을 제거하고, 기둥 부분은 울퉁불퉁한 껍질을 벗긴다.
3. 1의 고구마 삶은 물을 다시 끓여 2를 넣고 살짝 데쳐낸다.
4. 볼에 1, 3을 담고 그릭요거트를 넣어 버무린 후 맛을 보고 소금으로 간을 맞춘다.

Cooking Tip

* 샐러드용 고구마는 밤고구마가 적당하다.
* 브로콜리 줄기 부분은 영양이 풍부하므로 껍질을 벗긴 후 같이 요리하는 것이 좋다.

연근샐러드

재료
연근 100g, 양상추 80g,
치커리 30g, 양배추 10g,
적양배추 30g, 당근 20g,
오이 30g

단촛물
식초 4큰술, 설탕 2큰술,
소금 1/2큰술

소스
된장 1큰술, 식초 1큰술,
유자청 2큰술,
배 갈은 것 3큰술

1. 냄비에 단촛물 재료를 넣고 약불에서 저어가며 녹인 후 식힌다.
2. 연근은 씻어서 껍질을 벗기고 0.2cm 두께로 얇게 자른 후 1에 담가 절인다.
3. 양상추, 치커리는 한 입 크기로 썬다.
4. 양배추, 적양배추, 당근, 오이는 채 썬다.
5. 배는 믹서나 강판에 갈아서 준비하고, 나머지 소스 재료들을 섞어 샐러드 소스를 만든다.
6. 그릇에 3, 4의 채소를 나란히 담고 2의 연근을 위에 올린 후 소스를 뿌린다.

Cooking Tip
* 채소는 전체 무게가 200g 정도 되도록 골고루 준비하면 된다.

콩나물미나리찜

재료

굵은 콩나물 400g,
미나리 40g, 청양고추 2개,
홍고추 1개, 쌀가루 2큰술,
물 60ml, 통깨 1큰술

양념장

간장 1큰술, 고추장 1큰술,
생강즙 1작은술,
고춧가루 2큰술,
들기름 2큰술, 야채수 50ml

1. 콩나물은 씻어 물기를 뺀다.
2. 미나리는 씻어 물기를 뺀 후 4cm 길이로 썰고, 고추는 씨를 빼고 다진다.
3. 양념 재료들을 섞어 양념장을 만든다.
4. 깊은 팬에 콩나물을 넣고 양념장을 부은 뒤 뚜껑을 연 채로 중불에서 뒤집어가며 익힌다.
5. 콩나물이 익어서 나른해지면 미나리와 고추를 넣고 섞은 다음 물에 섞은 쌀가루를 넣고 뒤적인 후 통깨를 뿌린다.

Cooking Tip

* 마트에서 파는 얇은 콩나물을 사용하면 간이 달라지므로 꼭 굵은 콩나물을 사용한다.
* 물에 섞은 쌀가루를 넣으면 양념이 걸쭉하게 달라붙어 맛이 좋아진다.
* 쌀가루 대신 들깻가루를 사용해도 좋다.

우엉잡채

재료 /

당면 300g, 풋고추 60g,
우엉 120g(1개 정도),
간장 1큰술, 조청 1큰술,
야채수 50ml, 참기름 1작은술,
통깨 1큰술, 후춧가루 약간

당면 양념 /

야채수 400ml, 간장 2큰술,
설탕 1½큰술

1. 당면은 찬물에 불려 10cm 길이로 자른다.
2. 풋고추는 반 갈라 씨를 제거한 후 채 썰어서 팬에 부침유를 두르고 살짝 볶는다.
3. 우엉은 5×0.3cm 크기로 채 썰어 팬에 부침유를 두르고 중불에서 충분히 볶다가 간장, 조청을 넣어 조린다.
4. 깊이가 있는 팬에 당면 양념과 당면을 넣고 뒤적이며 끓인다.
5. 4에 물기가 없어지면 3의 우엉을 넣고 섞으며 볶는다.
6. 불을 끄고 5에 풋고추, 참기름, 통깨, 후춧가루를 넣고 섞는다.

Cooking Tip

* 우엉 채 썰기는 103p 두부우엉조림을 참조해 돌려가며 3mm로 칼집을 넣고 썰어준다.
* 우엉을 미리 충분히 볶은 다음 조려서 넣으면 특유의 냄새가 안 나고 맛도 좋아진다.
* 풋고추 대신 오이고추나 피망을 사용해도 괜찮다.

시금치녹두전

재료

불린 녹두 130g,
두부 30g, 시금치 30g,
홍고추 1/2개, 물 2큰술,
소금 1/2작은술

부침유

식용유 3큰술, 들기름 1큰술

양념장

국간장 1큰술, 야채수 1큰술,
참기름 1작은술, 통깨 1작은술

1. 녹두는 씻어서 물에 3시간 이상 불린 후 여러 번 헹구어 껍질을 제거한다.
2. 두부는 키친타올로 감싸 물기를 빼준다.
3. 믹서에 불린 녹두와 물을 넣고 곱게 간다.
4. 씻어서 물기를 빼고 1cm 길이로 송송 썬 시금치에 3을 부은 후 2의 두부를 으깨서 넣어 섞고 소금으로 간한다.
5. 달군 팬에 부침유를 두르고 4의 반죽을 한입 크기로 도톰하게 올린 위에 송송 썬 홍고추를 얹어 지져낸다.
6. 양념장을 만들어 곁들인다.

무전

재료

무 300g, 간장 1큰술,
들기름 1큰술, 야채수 300ml

부침옷

밀가루 60g, 찹쌀가루 1큰술,
전분 1작은술, 야채수 150ml,
국간장 1/2작은술

부침유

식용유 3큰술, 들기름 1큰술

양념장

국간장 1큰술, 야채수 1큰술,
참기름 1작은술, 통깨 1작은술

1. 무는 반달 모양으로 잘라 0.5cm 두께로 슬라이스한다.
2. 1을 냄비에 넣고 간장, 들기름을 넣은 뒤 무가 살짝 잠길 정도로 야채수를 넣어 중불에 5~10분쯤 익힌다.
3. 부침옷 재료들을 잘 섞어 반죽을 만든다.
4. 중불의 팬에 부침유를 두르고 2에 하나씩 부침옷을 입혀서 노릇하게 지져낸다.
5. 양념장을 만들어 곁들인다.

깻잎감자전

재료
감자 3개(중간 크기),
깻잎 15장, 밀가루,
물 300ml, 소금 1작은술

부침옷
밀가루 65g, 찹쌀가루 1큰술,
전분 1작은술, 야채수 150ml,
국간장 1/2작은술

부침유
식용유 3큰술, 들기름 1큰술

양념장
국간장 1큰술, 야채수 1큰술,
참기름 1작은술, 통깨 1작은술

1. 감자는 씻어서 껍질을 벗기고 0.3cm 두께로 썰어준다.
2. 소금을 넣고 끓인 물에 1을 넣고 2분만 아삭하게 데친 후 건져 식힌다.
3. 깻잎은 씻어서 물기를 제거하고 세로로 반을 자른다.
4. 부침옷 재료들을 잘 섞어 반죽을 만든다.
5. 중불의 팬에 부침유를 두르고 2를 깻잎으로 감싼 후 부침옷을 입혀서 노릇하게 지져낸다.
6. 양념장을 만들어 곁들인다.

삼색전(배추 & 가지 & 버섯)

재료

배춧잎 5장, 가지 1개,
표고버섯 4개,
느타리버섯 4개,
새송이버섯 1개,
팽이버섯 1/2봉

부침옷

밀가루 130g, 찹쌀가루 2큰술,
전분 2작은술, 야채수 300ml,
국간장 1작은술

부침유

식용유 6큰술, 들기름 2큰술

양념장

국간장 2큰술, 야채수 2큰술,
참기름 2작은술, 통깨 2작은술

1. 배춧잎은 씻어서 물기를 제거한 다음 줄기를 손으로 눌러서 펴준다.
2. 가지는 씻은 후 0.7~1cm 두께로 어슷하게 썰어준다.
3. 각종 버섯은 가늘게 채 썰어 준비한다.
4. 부침옷 재료들을 잘 섞어 반죽을 만든다.
5. 달군 팬에 부침유를 두르고 배추, 가지의 순서로 부침옷을 입혀서 올리고 노릇하게 지져낸다.
6. 남은 부침옷에 채 썬 버섯을 모두 넣고 섞은 후 팬에 한 수저씩 올려서 노릇하게 지져낸다.
7. 양념장을 만들어 곁들인다.

Cooking Tip

*배추는 계절에 따라 봄·가을에는 일반 배추, 여름에는 얼갈이배추, 겨울에는 봄동 등 다양하게 사용할 수 있다.

> 잠깐 정리! 전 부치기 기본 공식

부침유

똑같은 전을 부쳐도 더 맛있는 이유가 있어요.
두 가지 오일을 섞어 각각의 장점을 극대화한 부침유를 사용하면 전 요리의 맛이 더 풍성해집니다.

재료
식용유 3큰술,
들기름 1큰술

1. 식용유와 들기름을 잘 섞어서 사용한다.

Cooking Tip
* 식용유는 콩기름, 포도씨유, 아보카도유 등 향이 없는 오일이 적당하다.
* 향이 있는 올리브유는 어울리지 않는다.

부침옷

전 부칠 때 사용하는 부침옷에도 시크릿 레시피가 있어요.
더 바삭하고 맛있는 부침옷을 입혀야 전 요리의 고소한 감칠맛이 배가 됩니다.

재료
밀가루 65g, 찹쌀가루 1큰술,
전분 1작은술, 야채수 150ml,
국간장 1/2작은술

1 밀가루, 찹쌀가루, 전분을 섞은 후 체에 내려서 뭉치지 않도록 한다.
2. 1에 야채수, 국간장을 넣고 잘 섞어준다.

Cooking Tip
＊요리에 사용하는 모든 가루는 체에 한 번 내려주어야 사이사이에 공기가 들어가 뭉치지 않고 잘 풀어진다.

전 양념장

전을 바삭하게 부쳤으면 이제 간간하게 콕 찍어 먹을 양념장이 필요합니다.
야채수가 들어가 구수하면서도 은은한 감칠맛이 나는 양념장이라면 더 바랄 게 없겠죠?

재료/
국간장 1큰술, 야채수 1큰술,
참기름 1작은술, 통깨 1작은술

1. 통깨는 손절구에 갈아준다.
2. 국간장, 야채수, 참기름, 1을 섞어 전 양념장을 만든다.

Cooking Tip
＊전 양념장에 사용하는 간장은 국간장이나 조선간장이다.

더덕찹쌀구이

재료 /
더덕 100g(2뿌리 정도),
찹쌀가루(쌀가루) 20g,
소금 1/2작은술, 부침유 약간

1. 더덕은 납작하게 썰어서 소금 뿌려 20분 절인다.
2. 1에 찹쌀가루를 뿌리고 가루가 남지 않게 계속 꾹꾹 누르며 묻혀준다.
3. 팬에 부침유를 두르고 2를 올려 중약불에서 노릇하게 굽는다.

Cooking Tip

* 찹쌀가루를 묻히면 쫀득해서 좋지만 들러붙어서 부치기가 힘든 단점이 있다.
* 찹쌀가루 대신 쌀가루를 사용하면 쫀득한 맛은 없지만 고소하고 담백하다.
* 부침유 만들기는 174p를 참조한다.
* 부칠 때는 서로 들러붙지 않도록 하나씩 간격을 떼어두고 부쳐야 한다.
* 겉에 묻힌 가루가 기름을 먹기 때문에 중간에 기름을 조금씩 추가하면서 부친다.

마애호박구이

재료
애호박 100g(1/2개),
마 100g, 부침유 약간

양념장
간장 1큰술, 참깨 1큰술,
다진 청양고추 1큰술,
다진 홍고추 1큰술,
참기름 1작은술

1. 애호박은 씻어서 0.5cm 두께의 원형으로 자른다.
2. 마는 씻어서 껍질을 벗기고 0.5cm 두께의 원형으로 자른다.
3. 팬에 부침유를 두르고 1과 2를 노릇하게 굽는다.
4. 양념 재료를 섞어 양념장을 만든다.
5. 접시에 3을 교대로 가지런히 담고 하나하나마다 양념장을 조금씩 올려낸다.

Cooking Tip

*부침유 만들기는 174p를 참조한다.

표고버섯탕수

재료

건표고버섯 10개,
국간장 1/2큰술, 전분 60g,
당근 20g, 오이 20g,
양파 20g, 전분물 1큰술,
식용유 적당량

소스

야채수 200ml, 꿀 1½큰술,
레몬즙 1큰술, 간장 1/2큰술

1. 물에 불린 표고버섯은 살짝 눌러 물기를 짜고 1cm 굵기로 채 썰어 비닐팩에 넣은 후 국간장을 넣고 흔들어 밑간한다.
2. 1의 비닐팩에 전분을 넣고 흔들어 고루 섞는다.
3. 팬에 식용유를 넣고 160~170도로 가열한 후 2를 넣어 1차 튀겨 건지고, 다시 180도에서 2차 튀겨 건진다.
4. 당근, 오이, 양파는 납작하게 편으로 썰어준다.
5. 냄비에 소스 재료와 4를 넣고 한소끔 끓인 후 불을 끄고 전분물을 넣고 섞어 탕수 소스를 만든다.
6. 튀긴 표고버섯에 탕수소스를 끼얹거나 찍어 먹을 수 있도록 곁들여낸다.

Cooking Tip

* 건표고버섯은 물에 불려서 살짝 물기를 짠 후 200g 정도 되도록 준비한다.
* 건표고버섯 대신 야채수 끓인 후 건진 표고버섯도 사용 가능하다.
* 표고버섯에 밑간을 하거나 전분을 묻힐 때 비닐팩에 넣고 흔들면 편리하다.
* 전분물 1큰술은 전분 1큰술에 물 1큰술을 넣고 섞어서 만들면 된다.

표고버섯강정

재료
표고버섯 8개, 전분 1큰술,
식용유 적당량

반죽옷
밀가루 60g, 물 100ml,
전분 35g, 소금 1/2작은술

양념장
고추장 2큰술, 간장 2큰술,
설탕 2큰술, 조청 2큰술,
매실청 1/2큰술

1. 반죽 재료를 잘 섞어 반죽옷을 만든다.
2. 표고버섯은 밑동을 떼고 4등분해 비닐팩에 넣은 후 전분을 넣고 흔들어 가루를 살짝 묻힌 상태로 반죽옷을 입힌다.
3. 팬에 식용유를 넣고 160도로 가열한 후 2를 넣고 2번 튀겨낸다.
4. 팬에 양념 재료를 넣고 끓여 양념장을 만든다.
5. 끓는 양념장에 3을 넣고 뒤적인 후 불을 끈다.

Cooking Tip

* 생표고버섯 대신 건표고버섯을 물에 불린 후 물기를 적당히 짜내고 사용해도 된다.
* 표고버섯을 4등분할 때는 칼날을 눕혀서 어슷하게 썰어야 모양과 색이 예쁘다.
* 반죽옷은 꺼룩한 생크림 정도의 농도가 되도록 물 1~2큰술 정도 추가 가능하다.

단호박튀김

재료 /
단호박 200g(1/4개),
식용유 적당량

튀김반죽 /
물 100ml, 통밀가루 5큰술,
전분 1큰술, 파슬리 가루 1큰술,
소금 약간

1. 단호박은 씻어서 껍질을 부분적으로 벗기고 씨를 제거한 후 1cm 두께의 반달 모양으로 썬다.
2. 반죽 재료를 섞어 만든 튀김반죽에 1을 적셔서 180도로 예열한 기름에 튀긴다.

PART 4
밥맛 없을 때 좋은 메뉴

반찬이 필요 없는 일품차림
쌈밥용 쌈장 & 약고추장
유부조림밥
두부김밥
장아찌미니김밥
비빔청국장
떡국
들깨메밀수제비
도토리묵김치국수
버섯비빔국수
골동면
가지크림파스타
모듬채소카레
아보카도감자샌드위치
통밀또띠아샌드위치

차와 함께 즐기는 간식
대추밤조림
단호박견과볼

쌈밥용 쌈장 & 약고추장

쌈장

재료

된장 50g, 고추장 50g,
다진 다시마표고 조림 50g,
청양고추 2개, 통깨 1큰술,
참기름 1큰술, 꿀 1큰술, 호두 2큰술

1. 청양고추는 얇게 송송 썰어준다.
2. 호두는 적당한 식감이 나도록 굵게 다진다.
3. 팬에 준비한 재료를 모두 넣고 중불에서 한소끔 끓인 후 불을 끈다.

Cooking Tip

*소량 만들어 바로 다 먹을 경우는 끓이지 않고 재료들을 섞어주기만 해도 된다.

약고추장

재료

고추장 100g, 물 60ml,
다진 다시마표고 조림 2큰술,
꿀 2큰술, 참기름 1큰술,
잣 2~3큰술

1. 팬에 준비한 재료를 모두 넣고 중불에서 자글자글 끓인 후 불을 끈다.

Cooking Tip

*다진 다시마표고 조림 만들기는 23p를 참조한다.

유부조림밥

재료

유부 10장, 간장 1/2큰술,
조청 1큰술, 야채수 200ml,
밥 400g,
다진 다시마표고 조림 80g,
다진 당근 20g,
부침유·소금 약간씩,
통깨 적당량

1. 유부는 끓는 물에 한 번 데쳐서 찬물에 헹궈 건진다.
2. 냄비에 야채수, 간장, 조청을 넣고 끓으면 1을 넣어 조리다가 어느 정도 색이 나면 불을 끄고 건진다.
3. 2가 한 김 식으면 손으로 눌러 물이 안 나올 정도까지 물을 뺀 후 도마에 펼쳐 대각선 또는 일자로 반 잘라준다.
4. 잘게 다진 당근은 팬에 부침유를 두르고 소금을 솔솔 뿌려서 약불에서 볶아준다.
5. 밥에 4, 다진 다시마표고 조림, 통깨를 넣고 잘 섞어준다.
6. 3의 유부 안에 5를 넣고 손으로 모양을 예쁘게 잡아준다.

Cooking Tip

* 유부의 꼭지점 부분까지 밥을 잘 넣어야 모양이 예쁘다.
* 부침유 만들기는 174p를 참조한다.

두부김밥

재료

두부 1모, 오이 1개,
시금치 200g, 당근 80g,
다시마표고채 조림 160g,
구운 김밥용 김 4장, 밥 640g,
부침유 약간, 참기름 약간,
소금 약간, 통깨 약간

절임물

식초 2큰술, 설탕 1큰술,
소금 1/2큰술

1. 두부는 가로세로 2cm로 길게 8개가 나오도록 썰어서 소금을 약간 뿌려 물기를 뺀 후 팬에 부침유를 약간 두르고 노릇하게 구워낸다.
2. 오이는 씻어서 길게 4등분하여 절임물 재료들을 섞은 그릇에 담아 초절임한다.
3. 시금치는 끓는 소금물에 살짝 데쳐 참기름, 소금, 통깨를 약간씩 넣고 무친다.
4. 당근은 채 썰어 부침유를 약간 두른 팬에 소금을 솔솔 뿌리며 볶아낸다.
5. 밥을 약간 되게 지어 참기름, 통깨를 넣고 비빈다.
6. 김발 위에 김을 놓고 밥을 깐 후 1, 2, 3, 4, 다시마표고채 조림을 모두 넣고 김밥을 싼다.

Cooking Tip

* 오이를 더 얇게 8등분해서 초절임하고 김밥에 2개씩 넣으면 절이는 시간이 줄어든다.
* 오이 절임물은 그냥 버리지 말고 김밥을 쌀 때 손에 묻혀가면서 싸면 손에 안 붙어서 좋다.
* 다시마표고채 조림을 만드는 방법은 23p를 참조한다.
* 부침유 만들기는 174p를 참조한다.
* 김밥을 쌀 때 김발은 매끈한 면이 윗면, 김은 거친 면이 윗면으로 향하게 놓고 싼다.
* 김은 세로 방향이 더 길게 놓고 윗부분 2cm 정도만 빼고 밥을 얇게 깐 후 다시마표고채 조림, 당근채 볶음 등 얇은 속재료를 더 아래쪽에 배치해야 잘 말린다.

장아찌미니김밥

재료

당근 80g, 부침유 약간,
소금 1/3작은술,
물기 짠 방풍나물장아찌 24g,
밥 120g, 깨소금 약간,
참기름 약간,
구운 김밥용 김 1장

1. 당근은 씻고 길게 채 썰어 부침유를 두른 팬에 소금 솔솔 뿌리며 볶아낸다.
2. 방풍나물장아찌는 물기를 꼭 짠다.
3. 밥을 약간 되게 지어 깨소금, 참기름을 넣고 양념한다.
4. 김을 가로세로 한 번씩 잘라 4등분해서 미니김밥 4개가 나오도록 한다.
5. 김을 세로 방향으로 길게 놓고 윗부분 1cm 정도만 빼고 밥을 얇게 깐 후 당근채, 장아찌를 올려 말아준다.

Cooking Tip

*방풍나물장아찌는 물기를 짠 무게가 24g이 되도록 준비한다.

비빔청국장

재료

청국장 150g, 배추 속대 60g,
두부 1/3모, 청양고추 1개,
홍고추 1개, 들기름 1큰술,
간장 2작은술

1. 청국장을 도마 위에 놓고 칼로 다져준다.
2. 알배추의 흰 줄기 부분은 빼고 노란 잎 부분만 잘게 다진다.
3. 청양고추, 홍고추도 잘게 다진다.
4. 두부는 칼 옆면으로 눌러 으깬다.
5. 냄비에 들기름을 두르고 배추, 두부, 고추, 청국장을 순서대로 넣으며 볶는다.
6. 5에 간장을 넣고 재빨리 볶아 마무리한다.

Cooking Tip

*청국장을 다져서 사용하면 콩알이 돌아다니지 않고 음식에 간이 고루 밴다.
*여름에는 청양고추가 더 매워지므로 입맛에 따라 청양고추의 양을 줄이거나 풋고추를 사용해도 좋다.
*마지막에 간장을 넣고 볶을 때 들기름을 약간 추가하면 더욱 풍미가 좋다.

떡국

재료/
야채수 다시마 1장,
야채수 표고 1개,
시금치(또는 애호박) 약간,
야채수 250ml, 떡국떡 150g,
국간장 1작은술, 후춧가루 약간

1. 야채수 끓인 후 건진 다시마, 표고는 얇게 채 썬다.
2. 시금치는 1cm 길이로 썰어준다.
3. 냄비에 야채수, 1, 국간장을 넣고 끓어오르면 떡을 넣는다.
4. 떡을 넣고 다시 끓어오르면 시금치를 넣고 3분 정도 끓인다.
5. 떡이 익었는지 확인한 후 그릇에 담고 입맛에 따라 후춧가루를 솔솔 뿌린다.

Cooking Tip

* 떡은 미리 30분 이상 물에 불려 놓아야 빨리 부드럽게 익는다.
* 야채수 끓인 후 건진 다시마, 표고, 무는 채 썰어 국의 재료로 활용해도 좋다.
* 시금치, 애호박 등 제철 녹색 채소를 약간 넣으면 색감이 화사해진다.
* 입맛에 따라 김가루를 올려서 먹어도 좋다.

들깨메밀수제비

재료
감자 150g, 애호박 100g,
소금 1작은술, 야채수 1L,
거피들깻가루 60g

반죽
메밀가루 300g,
검정깻가루 1큰술,
물 150ml, 소금 1/2작은술,
들기름 1작은술

1. 반죽 재료를 섞어 말랑하게 반죽한 후 비닐에 넣어 냉장고에서 3~4시간 숙성시킨다.
2. 감자는 씻어서 껍질을 벗기고 납작하게 썰어준다.
3. 애호박은 씻어서 납작하게 썰어준다.
4. 냄비에 야채수를 넣고 끓으면 2, 3을 넣어 끓인 후 1의 반죽을 손으로 얇게 뜯어 넣는다.
5. 수제비가 익으면 소금으로 간하고 거피들깻가루를 넣어 한소끔 끓여낸다.

Cooking Tip

*수제비는 손에 물을 묻혀가며 반죽을 얇게 뜯어 넣어야 식감이 부드럽다.
*거피들깻가루를 넣었기 때문에 먹을수록 고소하다.

도토리묵김치국수

재료

도토리묵 500g,
익은 배추김치 200g,
참기름 1/2큰술, 통깨 1/2큰술,
야채수 600ml, 김가루 약간

양념장

간장 2큰술, 참기름 1큰술,
청양고추 1/2개, 홍고추 1/2개

1. 도토리묵은 곱게 채 썬다.
2. 배추김치는 양념을 털어내고 송송 썰어 참기름, 통깨 간 것을 넣고 버무린다.
3. 양념 재료들을 섞어 양념장을 만든다.
4 그릇에 묵과 김치를 담고 야채수를 부은 다음 양념장과 김가루를 올린다.

Cooking Tip

* 도토리묵 대신 취향에 맞는 다른 묵을 사용해도 된다.
* 따끈한 야채수를 부으면 온국수, 차가운 야채수를 부으면 냉국수가 된다.
* 양념장은 영양밥 양념장과 동일하다.
* 김가루는 김밥용 구운 김을 작게 찢어서 커터기에 넣고 새끼손톱 정도 크기로 갈아주면 된다.

버섯비빔국수

재료

소면 100g, 각종 버섯 100g,
어린잎채소 20g

비빔장

고추장 2큰술, 고춧가루 1큰술,
매실청 1큰술, 식초 1큰술,
조청 1큰술, 간장 1작은술,
참기름 1작은술, 통깨 1작은술

1. 버섯은 채 썰어 기름 없이 마른 팬에 넣고 중불에서 살짝 구워준다.
2. 어린잎채소는 물에 씻은 후 건져 물기를 뺀다.
3. 비빔 양념을 섞어 비빔장을 만든다.
4. 소면은 끓는 물에 3분간 삶아서 건진다.
5. 그릇에 4를 담고 참기름을 약간 두른 후 비빔장, 구운 버섯, 어린잎채소를 올린다.

Cooking Tip

＊버섯은 생표고, 느타리, 팽이 등 다양하게 사용할 수 있다.
＊버섯을 마른 팬에 구우면 버섯 향이 살아나고 맛이 강해진다.

골동면

재료

당근 20g,
시금치(또는 애호박) 20g,
소면 100g, 참기름 1작은술,
국간장 1작은술, 소금 약간,
다시마표고채 조림 50g,
김가루 1큰술, 통깨 1/2큰술

1. 당근은 얇게 채 썰고, 시금치는 적당한 크기로 썰어준다.
2. 팬에 당근과 시금치를 각각 소금 솔솔 뿌려 볶아준다.
3. 끓는 물에 소면을 넣고 3분간 삶은 후 찬물에 넣고 바락바락 주무르기를 맑은 물이 나올 때까지 3회 정도 반복하고 건진다.
4. 볼에 3을 담고 먼저 참기름을 넣어 고루 비빈 후, 국간장을 넣고 다시 비빈다. 간을 본 다음 입맛에 따라 소금을 약간 넣어도 괜찮다.
5. 4를 그릇에 담고 볶은 당근과 시금치, 다시마표고채 조림, 김가루를 나란히 올리고 깨를 솔솔 뿌린다.

Cooking Tip

＊삶은 소면에 먼저 참기름을 넣고 비벼서 코팅시키면 간이 한 곳에 치우치지 않고 고루 묻는다.

가지크림파스타

재료

가지 2개, 우유(두유) 150ml,
소금 1/2작은술, 표고버섯 1개,
홍고추 1개, 오이고추 1개,
파스타면 100g,
다진 호두 적당량, 소금 약간,
국간장 1작은술,
올리브유 약간

1. 가지는 씻어서 반을 자르고 다시 길게 4등분한 후 껍질을 벗기고 찜기에 20분 찐다.
2. 믹서에 1, 우유, 소금을 넣고 갈아준다.
3. 1의 가지 껍질, 표고버섯, 홍고추, 오이고추는 채 썬다.
4. 팬에 올리브유를 두르고 3을 넣어 소금 약간 뿌려가며 살짝 볶는다.
5. 소금 약간 넣고 끓인 물에 파스타면을 넣고 삶아 건진다.
6. 4의 팬에 삶은 파스타면을 넣은 후 2의 가지크림, 국간장을 넣고 버무리며 한소끔 볶는다.
7. 6을 그릇에 담고 다진 호두를 취향껏 고명으로 얹는다.

Cooking Tip

*가지를 믹서에 갈지 않고 1개만 채 썰어 표고, 홍고추, 오이고추 채 썬 것들과 함께 볶은 후 삶은 파스타면, 국간장을 넣고 버무리면 오리엔탈 느낌의 오일 파스타가 된다.

모듬채소카레

재료

브로콜리 100g, 고구마 100g,
당근 100g, 양파 100g,
느타리버섯 100g, 가지 100g,
단호박 200g, 야채수 1L,
부침유 약간,
카레 가루 100g

1. 준비한 채소들을 수저로 떠먹기 좋을 크기로 잘게 썬다.
2. 팬에 부침유를 두르고 브로콜리를 제외한 채소들을 넣어 볶는다.
3. 2에 야채수를 약간 부어 2~3분 더 볶다가 남은 야채수를 붓고 뚜껑 덮어 익힌다.
4. 3에 카레 가루를 넣고 섞어준 다음 브로콜리를 넣고 좀 더 익힌다.

Cooking Tip

* 채소는 좋아하는 종류와 양을 조절해도 상관없으며 합이 800g 정도 되면 된다.
* 부침유 만들기는 174p를 참조한다.

아보카도감자샌드위치

재료

감자 300g, 올리브유 1큰술, 소금 1작은술, 아보카도 1개, 레몬즙 1큰술, 통밀 식빵 4장

1. 감자는 씻어서 찜기에 찌고 껍질을 벗긴 후 뜨거울 때 으깨서 올리브유, 소금을 넣고 섞어준다.
2. 아보카도는 껍질을 벗기고 씨를 제거해 깍둑 썰기한 후 레몬즙을 뿌려서 1에 넣고 잘 섞어준다.
3. 통밀 식빵은 약불에서 살짝 노릇하게 구워 반으로 자른 후 2을 넣고 샌드위치를 만든다.

Cooking Tip

*감자는 껍질을 제거한 무게가 300g이 되도록 준비한다.

통밀토르티야샌드위치

재료

삶은 병아리콩 200g,
양파 50g, 블루베리 100g,
레몬즙 1큰술, 조청 1큰술,
아보카도 1/2개(70g),
소금 2/3작은술, 양상추 40g,
파프리카 1/2개,
통밀 토르티야(20cm×2장),
씨겨자 1큰술

1. 삶은 병아리콩은 으깨주고, 양파는 곱게 다져서 합한다.
2. 1에 블루베리, 레몬즙, 조청, 소금을 넣고 섞어준다.
3. 아보카도는 씻어서 껍질을 벗긴 후 씨를 제거하고 작게 깍둑 썰어 2에 섞는다.
4. 양상추는 말기 좋도록 넓게 잎을 떼어 씻고 물기를 제거한다.
5. 파프리카는 씻어서 씨 부분을 제거하고 채 썬다.
6. 통밀 토르티야를 마른 팬에 올려 살짝 데우는 정도로만 굽는다.
7. 토르티야 위에 씨겨자를 펴바르고 양상추를 깐 후 3의 병아리콩무스, 파프리카채를 올려 돌돌 말아서 먹기 좋은 크기로 잘라준다.

Cooking Tip

* 병아리콩 대신 감자, 고구마 등으로 대체해도 삶은 후 무게만 같으면 괜찮다.
* 토르티야 중간보다 아래 지점에 속재료들을 올려야 말기 편하다.

대추밤조림

재료 /
밤 10~12개, 대추 10~12개,
야채수 200ml, 조청 2큰술,
간장 1작은술, 통깨 1작은술

1. 밤은 삶아서 껍질 벗겨 2등분한다.
2. 대추는 돌려깎이하여 씨를 제거한 후 2등분한다.
3. 냄비에 1, 2를 넣고 야채수, 조청, 간장을 넣어 10~20분 조린 후 불을 끄고 통깨를 뿌린다.
4. 꽂이에 조린 밤과 대추를 하나씩 꽂아 그릇에 담는다.

단호박견과볼

재료/
단호박 400g(1/2개),
각종 견과류 40~50g,
꿀 2큰술, 소금 약간

1. 단호박은 씨를 제거하고 도톰하게 썰어 찜기에 15분 찐 후 뜨거울 때 으깬다.
2. 견과류는 마른 팬에 살짝 볶은 후 커터기에 넣고 곱게 다진다.
3. 1에 2와 꿀을 넣고 고루 섞는다. 이때 2는 일부를 남겨 놓는다.
4. 한 김 식으면 적당량을 손바닥에 올려 둥글게 빚은 후 남긴 2에 올려서 굴려준다.

암 예방부터 관리까지
암환자 사찰밥상 88

저자 임춘미·지은주 지음
펴낸 곳 엣지피앤디
발행인 전상만
편집인 한혜원

초판 1쇄 2022년 5월 15일

등록번호 2003년 2월 3일 제2021-000199호
주소 서울특별시 영등포구 양산로91, 리드원센터 F815호
구입 문의 02-517-1205
편집 문의 02-517-0712
팩스 02-517-2516

기획·진행 뉴트리앤 편집부
디자인 엣지피앤디
사진 원상희
요리 어시스트 김민
인쇄 프린팅프라자

값 18,800원
ISBN 979-11-88250-01-1 13590

· 이 책은 엣지피앤디가 저작권자와의 계약에 따라 발행한 것이므로
  본사의 허락 없이 어떠한 형태나 수단으로도 이용하지 못합니다.
· 저자와의 협의에 따라 인지는 붙이지 않습니다.
· 잘못 만들어진 책은 바꿔드립니다.

www.nutriand.com